Seek & Ye Shall Find

LDS Church Themed Word Search Puzzles

By: Joseph Bunch

© 2017 by Joseph Bunch

All Rights Reserved. No part of this book may be reproduced, stored, utilized or transmitted in any form by any means (electronic, mechanical, photography, photocopying, recording, scanning, or otherwise) without the express written consent of the author.

Scripture references are used with written consent of the Church of Jesus Christ of Latter-Day Saints.

ISBN: 978-0-692-93728-0

Instructions

Seek & Ye Shall Find is a series of gospel themed word search puzzles tied to the beliefs of The Church of Jesus Christ of Latter-Day Saints.

The book consists of 60 puzzles focused on 30 different gospel related themes/topics such as Agency, Faith, Plan of Salvation, Prayer, Scriptures, Christlike attributes, etc.

The sixty puzzles are divided into two parts.

1. **Part One** is a series of 30 puzzles containing 20 words related to the identified topic. You simply have to **FIND** them.

2. **Part Two** is a series of 30 puzzles covering the same topics as Part One. However, each puzzle in Part Two contains a group of scriptures related to the topic. The chosen scriptures are included with each puzzle. However, some of the words from the scriptures are not shown. To **FIND** the words, **YE** must **SEEK** them out.

    - Grab your scriptures
    - Find the listed scripture
    - Read it
    - Note the missing words
    - Find the words in the puzzle

In total, there are almost 1,000 different words hidden amongst the 60 puzzles and over 100 scriptures referenced in Part Two.

Instructions

The words in each puzzle are hidden in the traditional word search puzzle format. That is, words are hidden HORIZONTALLY, VERTICALLY, or DIAGONALLY as well as FORWARD or BACKWARD. In addition, words may overlap. For example, as noted in the image below the last letters at the end of the word PUZZLE are the first two letters of another word: LEARNERS.

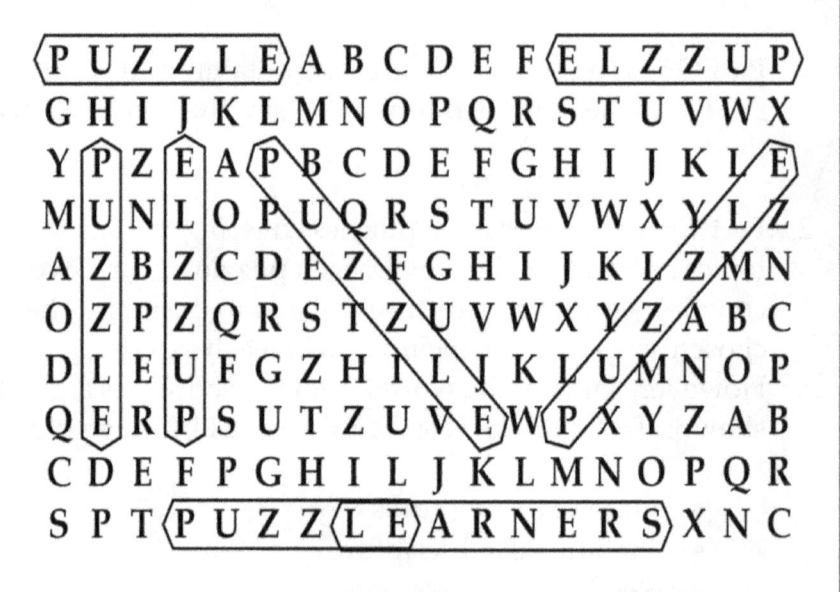

Part One

Agency

```
Q E T U O P A K H F S T A Y S T R O N G
U N S U R E A C H X V Y T I S R E V D A
I C P R A Y T O C L R I G H T B C Z S T
C O D G J L H I M O L N V X I W I T H E
K N O W L E D G E I U Q A E F O B M O M
I S G R E N S M B C O N S C I E N C E P
N E A R E R I I G T Y P T E M P T D W T
D Q H T O T S T A Y S T R A I N E D N A
N U E G V N T R E M E M O M B G T E H T
O E E R O S E L L W A B N R T I M R J I
W N C P C O R U A S Y E G E V N L P B O
F C S Z X M D F M I H R B T R X C I Q N
O E L E V P G H T I A F E E A D H R T O
R S D F L U W O R D S W C D I S O B E Y
O N L Y I E R I A F O S R N T S I J L C
R D E L V Q C E S K I N D O E L C P F N
R F T H I M L T C D B M R Q N W E D J E
E H E C N E I D E B O T F W K G I S F G
Q A B C J T Y O U E S M I L E F P D Q A
X Y Z G R U N D E R S T A N D I N G W N
```

Accountability	Consequences	Guilt	Select
Adversity	Discernment	Knowledge	Temptation
Agency	Disobey	Obedience	Understanding
Choice	Error	Responsibility	Wisdom
Conscience	Good	Right	Wrong

Atonement

```
Y F I T C N A S R E S T A Y O U R Q W I
O B E D I R D C V S K P F G W H E X N N
U P P R O R E P E N T A N C E A D D I T
R O S E N S O N F E B L E A D S E M X O
S O U L S A E T R A N S I N S M M V B A
E L F E N V F A I T H A L W N K P Z Q T
V R F X I I E U D E R O M I A L T E M O
E M E G N O R T H O M E F E R Y I L P N
C T R C E R T I R N B I R T S L O W O E
I O I V O L U M E A C E Z H X H N I R M
F M N L J N F H E A N M D I N E T V W E
I O G A V S C O T T L S W I V C R E L N
R R X T O P G I H A V E G R E A T J G T
C R E O K A O H L L E B F R I N M B H P
A O W T I N T W N I S D R I E D C R O U
S D W Q E G B W E G A U J O E S N E L E
E O B M K R Y E T R S T H I M A S O D V
S O Z A J L N P G E O F I W Q B F I X I
O L F N O I T A R A P E R O O M F R O G
F B E L I E F G L O V G J S N E V E R N
```

Atonement	Forgiveness	Redemption	Sanctify
Blood	Gethsemane	Reparation	Savior
Death	Indemnification	Repentance	Sins
Eternal	Obedience	Resurrection	Suffering
Faith	Reconciliation	Sacrifice	Transgression

Baptism

```
A B E N E A T H E M G J N T H O S E F N
B U N C H E N S P U R I F I C A T I O N
I N T Q W A B O U N D B S M D F Z I L X
D D B H T S A P K L F G W S Y Q S W L C
I E C Z O K P E A C E A H J E S N I O W
N R I S E R T L P A S T R U I N S J N O
G O O D W O I H E A R T S M M Q K O B S
G R E M B U S T U D Y O E R W I I E X C
E X E M P T M A Y E A R N W P T L O E K
Q D E S N A E L C L E A N K A T R I B M
V U G H T V P F A S T C O V E N A N T A
T R I D E P Z R O X C N L M V Q M W A Y
N A R E U H J R I K L A O W I T N E S S
E A F S T N D C V E S D L I Y X T P F D
L R E A D I K A R Y S T U D S T O N Q R
L O S T N E W N T W A T E R N R U C S E
E N B A X Q S O U T H C H E L M E R M H
C I N S P U R I T Y Q W P O P S A M O T
X C P T M I S S R X T E I F O U N D M D
E V E N H T R I B E R E N E W D J L Y I
```

Aaronic	Desire	Ordinance	Repent
Authority	Hearts	Priesthood	Salvation
Baptism	Humility	Purification	Sins
Cleansed	Immersion	Rebirth	Water
Covenant	Meekness	Remission	Witness

Charity

```
E X C E L P E A C E T R O P P U S D T K
A V N E S S A I L O N F O R E V S C B I
L J O N H O N T R O O P N C S P E R I N
W E I L V E E S I M V C L E M E N C Y D
A N T H S J A T Z E X E O V S B R T C E
Y N N Q E W C T F K N E W U P S E I R P
S I E M L E A D H J K C B A R E D U E Z
O F T I F L S F R E E A E V B T N Q M X
L E T F L S C V O W R R X L O V E O N E
D R A K E N C O U R A G E M E N T S L A
J O Y N S N Z O K L G R A Z E M P T Y N
P G O Z S B D I M E C I F I R C A S H O
K I N D N E S S A M I C V A L I E N T T
O V E R E N D E G R U P H E P E O P A H
N I P L S W F J R A E N X V N M E L P E
N N D F S B E N E V O L E N C E B S M R
E G I N A M S V R Y I W I L L X S G E B
C O N T I N U E O N L C A R T E B S L P
T C H A R I T Y N L D I E C N A D I U G
W P R E V A I L E T H E M U S P E A C E
```

Affection	Courtesy	Grace	Sacrifice
Attention	Empathy	Guidance	Selflessness
Benevolence	Encouragement	Kindness	Service
Charity	Forgiveness	Mercy	Support
Clemency	Giving	Patience	Tenderness

Chastity

```
S A N C T I T Y X B Q T N I A R T S E R
Q C X T O G E T H E R D P U R E N F J T
G L U M I N N O C E N C E P K L O V E U
N E W V E M I X H M P T Y L J A P S D P
U A H N G P C F A V C H A S T I T Y W S
O N O U N U E A R E L A T E A D J I F S
Y L V E O R N M A K F E M A L E S B O E
A I D A S I E I C I Y T I L E D I F L N
J N O L B T S L T N B O O K S K I P V D
O E T L N Y S Y E D A V M A R R I A G E
I S C W D A F Q R C L E N L I N E S U R
N S H A M E E H E R M O R A L I T Y I C
X A E Y O U G L O B E F I L M C X H T A
L I R S V Y E E C N E N I T S B A G H S
O N O D I G N I T Y L Y Z P I W O M E N
Y T N H R M E N T E R L G Q N Y H G V E
A L O I T R Y T S E D O M A L E V U E S
L Y H M U S H E B A D H C T A W T I R S
T Q W R E L A T I O N S H I P S W L X Q
Y O U T H E Y N O M I R T A M E H T U S
```

Abstinence	Guilt	Marriage	Restraint
Character	Honor	Modesty	Sacredness
Chastity	Innocence	Morality	Shame
Cleanliness	Love	Purity	Sin
Fidelity	Loyalty	Relationships	Virtue

Commandments

```
H E T E A C H I N G S R Q P F W O E I R
T N R U T Y I N C H E O S L A O K S J D
O D Y H F G N Z M Q X N F A I L L E T H
T U R U L E S X U N C B V Y B C Q L R P
E R E R W V T I B M L R I G O B A Y O G
U E G O O D R E D R O W Q H T U A M N W
R S U N R E U B A D V F A T H E R T O A
T P L G M S C U T E E Y L N E V A E H N
Y E A E W Z T J U S T B L E S S I N G S
A C N T O P I C K E E F S R O R R E T E
T T X I O N O I T C E R I D N T L N R L
S E S O M S N J L N L E E F O B E R U E
C T H O N E S T Y E E E S H F M C E T C
R O A M F R E E T I C W G O D X N P H T
I B I T O T A L I D T Q L N L A A L J R
P E H C U R E Y T E Z Y A Q W Y D E S P
T L E I H T U B S B G M W A I T I H K G
U I K D C O E C A O M E I R L E U Q R F
R O B E Y Q O S H O O S E Z P K G W L E
E S T H E T E N C W I S D O M I N A T E
```

Adhere
Blessings
Chastity
Commandments
Direction

Edict
Follow
Guidance
Honesty
Honor

Instruction
Law
Love
Moses
Obey

Order
Requirements
Rules
Sabbath
Statutes

Covenants

```
H O U S E O F A I T H F U L L Y N V D O
Y D E K L C R E S P O N S I B I L I T Y
T C V I R T U E C G K B E L O V E H I M
N O I T A M R I F N O C L I N G U N H F
E V J U S T I C E I N B F I D W X T O O
W E U N D E R S T A N D I N G C S A N L
T O N E S O N G T C R E A T E A H V O L
J R D A I L Y P H K L N T W I G T E R O
K D E B N S E J F N D X P Q Z M A I D W
G I C R D C A M E O V E C R E W O N O G
N N A M C F Z C O W L O W R O B Q P L N
I A R A N G E M R L V A L U E M S U O Y
T N G T A N C E Q E U S M L P O I S H E
S C Y R D X N O N D D T F S X F M S J V
A E M U E T C A V G A V E B I Y O U E A
L S V S L E N X T E R M S O F T R L I S
R A C T J T M K L M T U R M S A P O V L
E L D C S V B E M E Q D X S Z M H A E L
V Q U A L I T Y N N D O O G E F J K B A
E X Y Z C O M M I T M E N T R U T H S H
```

Acceptance	Commitment	Oaths	Sacred
Acknowledgement	Confirmation	Obligation	Temple
Agreement	Covenants	Ordinances	Terms
Baptismal	Everlasting	Promises	Trust
Bond	Honor	Responsibility	Understanding

Diligence

```
A D O N T G I V E U P A S E A R N E S T
F T E X A M S A L T D J T F A I T H E R
I E T C I T E G R E N E K F U T U L P I
G S Z E G O F O R T H L D T P Q R A O B
H T M D N T R O U B L D W I A X E B H U
T S N O I T C A F S I T A S C Q G O W L
O R M R E V I E W L A I R D E A N R I A
N B Y W G Z X O I M C O N S I S T E N T
P N R S I F H G N I R P S S J D K I S I
I E T E T N E D N E E H T Y U A F L O O
H M R X M N T J L F C K O U R C I A E N
S L I S C E R E T F E N T Q P W C O L S
T S P E E R M S R O S A E R U D N E J L
A T E S Z V X B N R C M X T Y O B G S T
Y R O N G X E X E T O N E A S L P D A S
B S C Z M Q C R I R W O R K V I R U L A
O E P Y B R W V A O L Y T R Y A S A K S
J K T L E V I L E N F B I D W S I R P R
W O R D S T O F E M C G O N E R S M E E
Q X Y M Y R L E A R N E N O T G R O W P
```

Activity	Earnest	Firmness	Satisfaction
Attention	Effort	Joy	Success
Consistent	Endure	Labor	Trials
Dedication	Energetic	Perseverance	Tribulations
Diligence	Exertion	Persistence	Work

Faith

```
P E R F O R M A N C E B F L P Y Q U E S
S T A Y D S T R O D W H C I T S N O I T
T A C C E P T A N C E B N I R K L X W D
R H A O D I E T S O B V L O O M S D F E
E B L A N L J K P D R E O N M Q N W R M
N E T S V F A I T H D Q X T N Y T E U O
G L O V E D I S H I P P E D E I R F S N
T I E S T E A D F A S T E D E D S F A S
H E M G E S D A E R K P Q C O W I O L T
K F J H G I E C I N S I N O S A J R L R
A H I D R R J F H G C A R N E S F T E A
L S K R E E L W S D R E K V D O I N G T
L A S Y M T U R O E I E O I W P Q V I E
E X C U M L Y O V R Z M X C Y Y N C A B
G C O U R A G E S L K C B T R T D O N T
X I A M P A S S T R U S T I L L E N C E
M F R O M R N H J L P R Q O D A W R E S
P N H K E L W C E R T A I N T Y Q N U T
L O O P S W A P E A K S A X C O N V I S
A C T I O N S D A L E I G H N L E A P G
```

Acceptance	Confidence	Doing	Perseverance
Allegiance	Conviction	Faith	Steadfast
Assurance	Courage	Fidelity	Surety
Belief	Desire	Firmness	Trust
Certainty	Devoted	Loyalty	Works

Family

```
L I V E A S O N E Q L Z P F S O M S J C
R D I B R T H M A R R I A G E U N I T B
H A N Q I V L T E M P S H X A B K Y U A
N U E D H R C O M P A N Y G L C X M N N
M G S I W E T F A M O L Y R E H K C I C
D H O H P A G H O U S E S O D A E B T E
E T M S L T O G E T H E R N E S S U E S
S E E R D H I M A N D H E R T V N R D T
C R O E L B G J V S O N S O F P B K Q Y
E S N D O O T E Q V W J R L A S T I E D
N X E D H U W I N D O S D T T Z Q N W E
D L J E E N J O Y E C G R K H L P D M S
S M Y G S D X R C H A I R S E N T R L T
F V O O U K H O L Y A L E V R B W E Q C
A E L T O G M N W R X V O T S L P D Q O
M R E E H D F O C J P R O G E N Y R A M
I Y N M Q E W H C B H K M T Y R P A T P
L P E P A T R I A R K L P R O G N I B A
Y F G L H D E S C E N D A N T S D A X N
H O M E E V E N I N G R U K P C B M L Y
```

Ancestors	Family	Kindred	Respect
Birth	Fathers	Marriage	Sealed
Daughters	Genealogy	Mothers	Sons
Descendants	Honor	Patriarch	Temple
Eternal	Household	Progeny	Togetherness

Forgiveness

```
H A R M O N Y Q D F Y L T N E G K Z H A
J C O M P A R M F J S W A I T I N G E P
L C A L M S Q E K L M S C F N B M K A O
W P M S I S T R I E S F E D G V W P R L
D T V I N D I C A T I O N N J L D A D G
K A W C G Y W Y C B M E O E R R O R S Y
E N E R F R I E N D S H I P P E D A M P
R E M I S S I O N S G E T O N H D M A P
M G K Y Q I F R U T P E A C E P K N R A
I M A G E R Z O X I C O R N B A L E E H
S T E P U R G E R N Q S E T F S B S W T
T C W V A U L T A G P G N Q A S Y T C J
A E P I E R S T N S I N O W B I H Y H K
K F R G H I P C X Z N V X R Y O T D A S
E R E F Q E R A S E W T E G P M A E R G
S E L F C O M P A S S I O N C V P S I N
E P E C H A R Y E N T L E Q E W M A T O
I M A Z L O V E F R O E X O N S Y B Y R
R I S E S D G R U P V S I N S O S P Q W
T N E M E N O T A M N S Y P M G F R E E
```

Acceptance	Compassion	Mercy	Reprieve
Amnesty	Exoneration	Peace	Sins
Apology	Forgiveness	Purge	Sympathy
Atonement	Kindness	Release	Tenderness
Charity	Love	Remission	Vindication

Happiness

```
L A U G H I N G R P T M V A C A T I O N
O R E C R A F T S N H A P P I N E S S V
S P I R I T E D E R Q Y A U N D G K I P
T L E A S E N M X B A L L G Z Q W V Q L
R A X T V B T J R T H P S K L Z A L H A
O N B D S N F O U R T H T O Q C L P F Y
F T S T A R S Y D A N C E U I K G E J I
M A T H Q G P E A C E W S T R X A L S N
O X C S T R A V E L M K Y D N E W B E G
C N J U B I L A T I O N V O C S A M T E
E O Y T I R E P S O R P Q O U T R P E T
W I N N E R K T B L G J L R H Y D E S F
A T D T R M C H E E R F S A T Y S E G R
R A F S E S H O W S O N G I U L R B N I
M L H F U N S P O R T S N F P G T W I E
T E Q U I E T E G K P E L D W E H C T N
H I K I N G S M N L M U S I C R F T A D
E R U S A E L P E A R F A M I L Y D E S
Q E X E R C I S E N B E A T I T U D E R
S K I L L E N T E R T A I N M E N T V Z
```

Amenity	Enchantment	Jubilation	Prosperity
Beatitude	Glee	Laughter	Rapture
Cheer	Happiness	Spirited	Rest
Comfort	Hope	Peace	Vivacity
Contentment	Joy	Pleasure	Warmth

Heavenly Father

```
C O M P A S S I O N A T E W I S E V H B
Q X E C M P Q H U M B L E J T Y L G O D
U S R F C G U I D I N G V H E A R S L P
I A C Z K R A F T Y H A L M I G H T Y B
E D I V I N E A R C K P R I N L S E D L
T N F U N Q Z N L E M F J N G O W A R E
Z E U X G W P F R L O E Y D L R D C J A
C S L D U H E A V E N L Y F M I A H S D
A S V F K B L T C S X O Z U N F K E B I
R I G H T H I H Q T V H P L A I N R L N
I C O S L J V E C I G E U K Q E S N E G
N V O T S N I R A A N I R N R D M O S R
G J D S U M N Y L L I M P O S E A T S E
R S B A P L G T M A L E C W B K R N I A
A K P E R F E C T T O M N I P O T E N T
C D J Y E A F W O H S A L N E E D S G P
I H L T M T H R I G Y S K G P R H J S Y
O P O W E R F U L C A T K E E P I N G K
U F O R E V E R A L W E T E R N A L X L
S L I S T E N I N G C R W O N D E R F U
```

Almighty	Eloheim	Heavenly	Merciful
Blessings	Eternal	Holy	Omnipotent
Celestial	Father	King	Perfect
Compassionate	Glorified	Knowing	Powerful
Divine	God	Master	Supreme

Holy Ghost

```
Q L Z P A M W K C I D S P I R I T Q W T
U G U I D E S B E A T I N G H E A R F R
S T I L L S M A L L V O I C E X S I T U
C W V D N W H O L Y G H O S T A G E D S
B Q D B O E X A M P L E W Q N C N W E T
M T F R I B R E A D H L D C J T I R T B
A I C O N V I C T I O N T K V T T G H M
F R A T U X E X M Y K I R L N R P T O N
K I L H M C T P Q W F R E E D O M I U O
L P M E M S A R G Y H L S L W N O X G I
K S F R O E T E R N A S A N C O R E H T
P N R E C O M P A N I O N S H I P E T A
O I O A E S G R U F A I T H E T Z C S R
U K E W A L K I N R F K P W A A X N D I
N P T A L E I N T O I L F G R L C A E P
D L Y D T E R N C O M F O R T E R R N S
I A S S U R D F G S J K Y L O V E U R N
N N B I W Q L G O V B A N S W E R S U I
G T E S T I F Y E P W N K F G R I S T D
Q A D H E R E H F O L L O W J K D A R E
```

Answers	Conviction	Knowledge	Revelation
Assurance	Gift	Peace	Sanctify
Comforter	Guide	Power	Spirit
Communion	Holy Ghost	Promptings	Testify
Companionship	Inspiration	Purify	Witness

Honesty

```
C O R R E C T R I E T H I C S I N C H V
O A T H C R E D I B I L I T Y B D O G I
U Z N O T F U N R E A L G P T R N N E R
T M E D W P Y F A L S E R S I O B D N T
S R W X O T G E T C E P S E R S L E U W
P F T R L R O P E N H E A T E L U N I O
O T A A O C O E B F N O P M C I N C N R
K W Y I V N D J K R Z Q N O N C T E E K
E O R M T F G W I A L Q P E I K J D N R
L N A M B H E A M N F R Y A S R P U E E
I L V O I C F G H K P T S U R T R F S C
H Q X R P Y T U W D E S E A T L Y R S T
C H E A T I N G L I S T N U Q K D A C I
U S D L O Y A C O N S C I E N C E U A T
P E R I H J E T S D E N T N L J C D R U
R D J T Q U V D N U O S E R E Y E X Y D
S I L Y T I L E D I F F S M Q L I A R E
T H G R F O O L I N G E N I U S T N U A
R Q I H A D I S H O N O R T H E F T G L
A V I R T C H E W I S E R X E Q U I T Y
```

Cheating	Fairness	Honesty	Respect
Conscience	Faithfulness	Immorality	Right
Credibility	Fidelity	Just	Sincerity
Deceit	Genuineness	Loyalty	Trust
Dishonor	Good	Lying	Virtue

Humility & Patience

```
N L P O I S E Q F J D B L H E C X D S F
C G Z B L H M C O N S T R A I N T S Q I
A R I M D E G N E N A T S E R M E P U R
L E N Y E G O T I S M E E K B N R A C S
M E G O T R I T E N A C I T Y Z P E D T
N T I M E I B X M Q N W M H N V R G O E
E B H T R T L T X A Q B S E L F E M C W
S C K L M W Y I R E S T R A I N T N I E
S F C V I P F E M A P I D E O M E Q L C
X M O W N E L F K U N R S G L I N M E N
L Y V R A O M G H J H Q E X D F T H K A
A T A Q T X E O P S Z N U E V C I L P R
C I N E I I M A D S A D B I T E O D D U
K N I B O V T C L E K O R D L K U O W D
P E T S N I P U T N S V N H I I S B L N
V R Y M E V L E D K P T L H O G T I M E
M E I N X H K L M E F M Y N E P N Y G H
Z S C D V P E R S E V E R A N C E I Q X
N E M Q E M O G D M N F W L M Q P M T C
L R E S E R V E C N E I V R E S B U S Y
```

Calmness	Fortitude	Obedience	Restraint
Constraint	Hope	Patience	Serenity
Determination	Humility	Perseverance	Tenacity
Dignity	Meekness	Pretentious	Tolerance
Endurance	Modesty	Pride	Tranquility

Jesus Christ

```
T H E W A Y T H E T R U T H P L U S G J
R J M X T P R E D E E M E R H R L I F E
U A E S O F H I M E S S A H J K I G Q X
T L D E N O O R E P R O V I N G K N M T
H S I L E R P A T E R N A L H I S G C H
Y H A P M E B M Q D E L I V E R E R N E
X P T I E V E R X B H P X W Z S M A I L
C Q O C N T Y J E S U S D I E A M C C I
H O R E T A B C X Y Z Q R S T C A E J G
U R M D I E D C H R I S T Z M R N F Q H
R B A P V W P A E I O U M N O I U U F T
C H I Q A B X S A V I O R H T F E L O N
L O R D F S U N T O G H D P W I L P R E
M P H I M E S J O H N V N F R C X H G M
E E G A V E H I M E X A M P L E G K I O
S C A R I N G F O L L O W H I M R T V C
S V W C B R A V E N Q J E H O V A H I M
I N M A R Y V N M P A I D F O R S I N S
A K S H E P H E R D G T K L O V I N G L
H A N D S L P C W O R K E T E S T I F Y
```

Atonement	Example	Lord	Redeemer
Caring	Forgiving	Loving	Reproving
Christ	Graceful	Mediator	Sacrifice
Compassionate	Jehovah	Messiah	Savior
Deliverer	Jesus	Prince	Shepherd

Judgement

```
S N S W O R K S T R O K E G D B X Y T I
E D B E S T G K Y N O I T P E C R E P L
N S I G N O R A N C E W F R A M E S B A
U M U S O N D N E S S G H D U X V W I U
O A N A C C O U N T A B I L I T Y R N Q
S R D Q O E T F L P D V R X N R H Z T M
S T E E N B R O K E N B R E D A C S U N
E K R U D Y W N Q U I T M T A N S G I S
N A S V E N T Z M X C E L L O S F J T G
D F T G M H V I J E G K T P W G O L I Y
N E A R N I C E V D N E V A X R W N O M
U G N F A C T W U I S T U D Y E A R N Y
O A D Z T M I J V K T B L W I S D O M V
S R I G I B S Y T I D I P U T S E N S T
V U N S O J R P F X B N S W Z I Q T Y A
M O G K N O W L E D G E Y N C O C O C O
I C V R H I G H E S T C O D E N A U I N
N O N E A F S A W A R E N E S S M V Q V
D R A M P S E N S E S G H R T E P L U S
L A W P V B P S M A R T S M N L Q D J X
```

Accountability	Fact	Mercy	Soundness
Acumen	Intuition	Perception	Transgressions
Awareness	Judgement	Reason	Truth
Condemnation	Knowledge	Sensitivity	Wisdom
Discernment	Law	Sins	Works

Missionary Work

```
V N K F U P S D Q R E T S I N I M D A L
C O N V E R T A W T C X J L F D I E Q I
O S T M P Z D N A K B L H P C Z S D X G
N W Q U K V L C P F V B P O U R S I F H
F O R M O D I N F O R M J K R G I C I T
I L H C R D T O S H A R E Q F T O A G E
R G A D E V O T E B K F L G E W N T H S
M T V R D D G M P L Z C Q S B X A E T T
E R P E U R U T S U N I T E Q L R P G I
T Y R P C S P R E A D I N G Z H Y R O S
O E O R A N G E R K F J L P V W T I S W
M Y S E T H X S V Y Q A L M O S S E P K
O N E S E N T T A A L I S R G K N S E R
R F L T E L L O N C B R K T P T L T L E
P B Y W B X T R T Y I S T R I V E L I X
O R T L W C P E X B P L Q W K N H P K A
M I E F E L L O W S H I P P I N G O E M
O N X A D V A K U P E R S E V E R E N P
A G E S C A N D Y N F G T E A C H I L L
G U N T O H J C A N D L E X P A N D V E
```

Administer	Expound	Preach	Share
Advocate	Fasting	Predicate	Spreading
Candle	Fellowshipping	Promote	Teach
Convert	Gospel	Proselyte	Testify
Exhort	Missionary	Servant	Witness

Obedience

```
A C C E P D E N R W D E V O R D E R L Y
X Y T I L I M U H E E P U B L I P S A L
V A L U E S H O C K V I C E S R A C E O
A C T I O N S N E W O E S Y K E C O M Y
J R E T N E A R S D T Y R E S E O N T A
L I V A S T N E S G I T C E P B R G O L
R G E W N P E A C E O H J T N V D X P T
W H R E G A R D W I N K A B L C Q B C Y
V T P T R E S I N A P N O W A Y E E T L
M E C N A I L P M O C R S T B W P H I R
R O D E N L I N E E G C F I R S T A G E
G U N R C O M P L C R A O T E E N V H W
R S E O O I D U T Y I N H R Y J X E T A
A N Y I N S F R U T I S A E D B H W N R
C E L V F G E I H B D X R Q T A O Q E D
E S P A O H S F R Z P W M E E K N E S S
F S M H R J U M I C B R O W J D O C S I
H U O E M L O Y T Y A W N G U P R V E R
D X C B L E S S I N G S Y T I L E D I F
T E O U S N E S T L O Y A T E A C H K P
```

Acceptance	Duty	Humility	Respect
Accordance	Faithful	Loyalty	Reverence
Blessings	Fidelity	Meekness	Rewards
Compliance	Harmony	Peace	Righteousness
Devotion	Honor	Repentance	Sacrifice

Plan of Salvation

```
G O B X Z F T E S T A G J L I T W V M Q
L I G H G O O D F P R O G R E S S D E U
K M R T N M B C V P L C R E A T I O N E
J M E L I V E X I S T B O Y Q E L P M S
H O S D N B V C W C O N W A R D A N E T
W R S L R T E R R E S T R I A L H R J X
Q T R E A P P L Y L H J E T I S O N T C
G A E F E M A L E E P S P L A N C H E H
E L J M L E R N I S A L V A E Y P A N V
D I D H P R O B A T I O N Y I S T P D N
E T E M P T A U N I M M A L T O T P U M
V Y T I L H A P P A F O M I N B X I R S
E P R E M O R T A L T A L E J E D N A A
L R Y U P F E G I H K N M V X G H E N L
O W T A C S V N M O R E F I N I S S C V
P J C B O D Y G D I N N R G L N P S E A
R B E P R E P A R T D E A T H Y Z U R T
E P R S T R U G G L E S J M E N D S G I
S U R D H V R E S U R R E C T I O N R O
P Q T E M P O R A L W G J T X V N M Q N
```

Atonement	Earth	Plan	Salvation
Body	Family	Premortal	Telestial
Celestial	Happiness	Probation	Temptation
Creation	Immortality	Purpose	Terrestrial
Death	Learning	Resurrection	Test

Praise

```
C O M G P A T O N T H E B A C K T R I B
R E G L E E Z B P E D U T I T A R G H W
S U P O R D A Y G J X L P M C V I Q L R
A D O R E Q R K F L P A P E R N B G A E
C E S I B R E A T I B T L Q V M U D V C
C V K F H B C X H O N O R T A W T H O O
L O N Y G R O U P S H G L O C H E E R G
A T H I N G G R A T U D A Y S B M L P N
I E T A C K N O W L E D G M E N T P P Z
M D R W Z B I N D G X L V Q H Z M F A E
P B P N O I T A I C E R P P A B T U K B
R M P O D F I E N C O U R A G E N L L D
A E S I N G O R I F Y R E V E R E N C E
Z T G T R I N E S T E A C H N A M X L V
E G E A C K N F H R J S W P R E I L A O
R H N R R E G A D O N E T F A H L K P T
E K G I G D N K T P L Y B E V S P H G I
S D A M S K I N D P R A I S E T M K J O
I N M D S U P P T U R N T O G M O C V N
W B R A V O Q D I S R E G A R D C M A X
```

Acknowledgment	Cheer	Gratitude	Regard
Admiration	Compliment	Honor	Reverence
Adore	Devotion	Magnify	Support
Appreciation	Esteem	Praise	Thanks
Approval	Glorify	Recognition	Tribute

Prayer

```
C Y E L P P A D D R E S S L A E V E R W
O Z T R U E T P O N D S U P P E S E E K
M P A I N S K N P B V Q M J S R G Z Q Y
M X C G L A M S S E N K E E M H J C U T
T O I H G I T U E S A I L R D G S X E I
R C L T R I M D F E F L W U B I K B S R
U I P E O U S U T E S O Y O N V T M T I
T V P L E A D D H I M T D C Z L P A N N
H U U N I Q U E G W N P E E R A C Q T S
E B S E A R J H K O B R L P S T U W E E
T N Y G X W G H I J I A T Y O I V K I A
I O N H K J R T C T D Y V N R O R B T R
C O N T R I A E Y G F E B E P N B E N C
I T T G M L T G H T S R E V E A N P O H
L I M X E W I V E T A C I N U M M O C T
O T R V G J T K P D I S M A Y E T N O W
S A E D R O U R O N E H X M R E H D L E
X R W Q B L D S S I N G S E V K W E A R
S G N I S S E L B A Y E R J P E L R X T
I N V O C A T I O N A E T I R T N O C E
```

Appeal	Gratitude	Name	Search
Blessings	Humility	Plead	Seek
Communicate	Inquire	Ponder	Sincerity
Contrite	Meditate	Prayer	Supplicate
Desire	Meekness	Revelation	Truth

Priesthood

```
M Z Q P N A W L Y B E C K V R J C T H X
Y E L D E R G T Z U F A O I D Q U G S Q
G C B R E Z I S W G N I T N I O N A X U
O H O G D R E V E R S F N G F I K I L O
K R L Q O A A R O N I C E S D I J D E R
N F D H R T M A K S H J T I P S R E A U
O S T I M K E S E R V E S W E I C M D M
R U D W N I N E Y G L E A D S H R B E S
A I E D H A D C S L R T Y P X Z R E V D
C Z A C N R N D Q P W T E A C H E R P U
X E C O N F E C I V O I S W E E T J L T
Z R O P R O P H E T S W C V B M S N Z Y
M P N W Y X S C J S D L E P G U I D E G
S E F I S R W F H J U K W R X C N G J X
Q E U S E V N T I F T R Y X M P I F P M
G H V D Q M E L C H I Z E D E K M B R N
P S A E L C O U N S E L A D R X D Z I K
W E Q B N P W A P O S T L E S M A V E C
L V I N S T R U C T F K I Y S J F L S O
K E E S E V Y T I R O H M O T I V A T E
```

Aaronic	Confirmed	Leadership	Priest
Administer	Deacon	Melchizedek	Prophets
Anointing	Duties	Ordinances	Quorums
Apostles	Elder	Power	Seventy
Authority	Keys	Presiding	Teacher

Repentance

```
P Q N G E N T L E N C P X G K D G R A Y
U R B O V E R C O M E O K I N D U V T N
R X O H A D M I S S I O N B K M I I W O
I M N G L I T C H A N G E T A F L D P M
F E D J R P H R S L I P U P R I T E A R
Y R A L M E E K G I E K W O M I L A C A
G C G E V N S P A N N X B U E G T L K H
B Y D S Q P N S I R J C H A I N N I N Q
C E S R A B E T P E N T E N C O D N O J
R O O T S C E A S U V M H R I G E T W N
C Y V X R N R Q C F R W I S I N N E L R
N O M E C O K I N E J I S L H T S R E E
T R N E R J N O F K L I F E Q H Y P D S
Y C L F K C I G J I M H F I P L E A G P
R E G R E T O Q P E C W C M C N L V M E
J O B S A S G M R P R E G S T A Y B E C
P K P V F D S R E T L A F A S V T U N T
X Q L Z P M O I W X N E N I C B R I T P
C A M R A D W T O U A C C E P T W B O L
S O F O R G I V E N E S S T R O N G T N
```

Acknowledgment Falter   Penitence   Remission
Admission   Forgiveness   Progress   Repentance
Change   Guilt   Purification Sacrifice
Confession   Humility   Redemption   Salvation
Contrition   Mercy   Regret   Sincerity

Sacrament

```
E Q G J V K P R E S T H R E N E W I N G
C H R I S T A N M P D O B R O K D E A C
I L V N B D S M A R D O R N X Z Q L D P
F X R H K I S A C R A M E N T S R V M W
I P J E C E F O R T S M A S T E R P I R
R W O L M D S I N S C Q D W M K C V N H
C N H M H E R E F O R G I V I N G L I G
A B N S T O M P S N C O V E N A N T S M
S E W O R E V B I R E V E R E N C E T E
K A O I N K G W R X B E N E A T H G E L
D R N O T E S A C A M N T E S I M O R P
E F T C J N P E P W N E W I N G S A N C
R A J K T L E T E A T C Z V B S W F H K
B M X Q W I I S Q P R I E S T H O O D C
A R X V N S F Q S W O T M U N O R S E O
P O E T M B L Y G T A L B D P N T W Z N
T M R A X V A L U E S T L C N E H M T S
I S L V K Q W O R T L I E G B S I J W U
S C O M M U N I O N C B M R Y T L N P M
L E B L E N S W T H L Y S A N C Y E V E
```

Administer	Christ	Priesthood	Sacrifice
Atonement	Communion	Promise	Sanctify
Baptismal	Covenants	Remembrance	Water
Bread	Emblems	Renewing	Witness
Break	Pass	Sacrament	Worthily

Scriptures

```
O U F R E B D H J K Q H A N B O S K S B
Y X N E I P E A R L E J K E Y G M P G O
T K M B L O F Z B M L Y M A N U A L N O
E G L C W G R E A T R D S I M P L E I K
S E V W M P R I C E K J H T H I A A D O
H H G O S P E L V B L C P B O T F C N F
T J K P H Q L N K M A J D W R N F T A M
U R E A C D F A W E N C V U Q R E O T O
T N E M A T S E T D L O T L K E S J S R
V M D O C D R I N E G H P R A C Y H R M
T P O E Y G U I D E S F G O R O L K E O
E I G H R E D P O N T E R I N R G E D N
K R M L K S E L B A R A P F V D B E N Q
A O T E S V T R U H O T G Q W X E S U X
T L O D V R K A L T U S A C R E D R V B
E N E B N A M E N R E D G P O N T E L Q
R W L A D I V I E D O C T R I N E A N D
A E P F R N M S P L I T S A B O H W V C
P Q A Y X Z A R U O Y N I Y D U T S M O
S T U D I E F H E A R T G S T N A N E V
```

Bible	Keystone	Pray	Study
Doctrine	Manual	Read	Teachings
Gospel	Parables	Record	Testament
Guide	Plates	Sacred	Truths
Handbook	Ponder	Scriptures	Understanding

Testimony

```
M X V A L U D G J L O U T W S T F H K N
O A B Q W E E R Y U O L J W E G D A X V
S W N M J K X L D S G Y U S I E S J W S
T E S I F Y P O K L A M T G J T K P L E
A B O W F P R E A C H I A V O W N I F H
W C Z X A E E Q R K F L P B N C T E A C
M E B M S C S N G Y E X A M P L E C S V
E R A H S H S T E M S F R O D J P Q R S
S T A T E Q N G P R O C L A M A T I O N
S I O V R B D O D E M E N S T I T E Y D
A F Z N T E A O E V N L S T M B X W T E
G Y K G L G F D C Q G M N E L P R C X M
E J A W K S F N L I S T E S H O W T U O
Q B O M E S I K A R E G J T P R O C L N
A N I N F O R M R E A C H I G H T H E S
K T P D X C M Z A G U K P M A N T E S T
N C T E L H P X T E L L S O L E M N G R
O L B E L I E F I R S T Z N A M E S Q A
W F N V S D G H O P E D A Y C L Q V Y T
L I G E M T R A N S F E R I N F O T O E
```

Affirm	Declaration	Knowledge	Share
Assert	Demonstrate	Manifest	State
Attest	Example	Message	Testify
Avow	Express	Preach	Testimony
Certify	Inform	Proclamation	Witness

Tithes & Offerings

```
M O N I B U H P R A Y E R P Y V T C R X
E Z W L Q E K A J S H D G F O R M E D X
Q A S W L C O M P A S S I O N O W O S M
F C B P E O P L E X A C T L Y I R N B W
T C K L X L G N I R E F F O T K J L N Y
A E O P T H F I R K S M X H H W L I E B
I P N C A S H A C Z X L O V E M C N E I
D T E T F J P E R L O U W S D V O E D L
I A S C H B H M D E T E R M I M E P I L
N N J K E C O N T R I B U T E C H A N S
G C L D T F T W V Y A X W N M A R Y G R
X E B G A M Z X T D H S J K P R T G C Q
S L T E N J K I C O I N S W F I H P V S
A E F V O I S U P P O R T I T N B K R D
G Z R X D O T D O L L A R H S G M E N E
N D Q V R W N S F U N D I L P T W C B L
I G H E I R F B A R T N M C K S A G P L
V Q N W V C B M L F G J G F N D S N A O
I E F A R E E C I F I R C A S W E L C P
G C O U N T K I N D N E S S T O T A L E
```

Answers	Fasting	Needing	Support
Assistance	Generosity	Offering	Tenth
Caring	Help	Poor	Tithing
Contribute	Kindness	Prayer	Welfare
Donate	Money	Service	Without

Word of Wisdom

```
A L Z M Q P S K X N S W O D J C B E A I
F E X E R C I S E H A V H R U B Y S B T
U S G K O M E N T A L Q P A S T C M U C
D D I F V N W K D G V L R A R E S T S M
S N F G P S E I L M A N B D W M V Q E Z
G E H T E A B A S E T I E D H P F S V P
E F F E C T S E H D I J D I E T M U Q S
B N J V B A Q A P T O R V C A A X R L L
M U N S R L D T J H N M P T L T G C B H
P R O T E C T I O N Y N O I T I R T U N
L S L R V O E N A P S S C O H O M P R H
Q E P F J H W G V R E M I N Q N B X N T
S I C K W O R D O E C Z O C V H K O G U
W T V H B L M P I S N L F K A C M R D O
F G R Q S Z T N D S A R P V I L E S U Y
H F P E E R S R M U T B V L K N J F G S
J L W T N K U P W R S A C R E D G A S B
B L H R Z G X V L E B O D Y V X D M F U
A I G I S D T F J K U L P N M F O O D S
D Z C B M K L H G U S C A U T I O N W P
```

Abuse	Eating	Nutrition	Substances
Alcohol	Exercise	Protection	Tea
Body	Foods	Sacred	Wisdom
Coffee	Harmful	Smoking	Word
Drugs	Health	Strength	Salvation

Part Two

Agency

2 Nephi 2:27
27 Wherefore, men are free according to the flesh; and all things are given them which are expedient unto man. And they are free to choose _____ and _____ life, through the great Mediator of all men, or to choose _____ and _____, according to the captivity and power of the devil; for he seeketh that all men might be miserable like unto himself.

Helaman 14:30
30 And now _____, remember, my brethren, that whosoever _____, perisheth unto himself; and whosoever doeth _____, doeth it unto himself; for behold, ye are free; ye are _____ to act for yourselves; for behold, God hath given unto you a knowledge and he hath made you free.

D&C 29:39
39 And it must needs be that the _____ should _____ the children of men, or they could not be agents unto themselves; for if they never should have _____ they could not know the _____—

D&C 101:78
78 That every man may act in _____ and _____ Pertaining to _____, according to the _____ agency which I have given unto him, that every man may be _____ for his own sins in the day of _____.

Moses 6:56
56 And it is given unto them to know good from evil; wherefore they are _____ unto _____, and I have given unto you another _____ and _____.

Agency

```
F I N D T S E E K Q D Y T R E B I L L S
A P P E L T H E W A Y O F D J K P X T P
I Q E X I G U I D E O F C H R I S T H A
T W R R N X J U D G M E N T H R O F E C
S H S H I E Z W X L K D M I R G W Q M O
T O E N Q S F L B R E D E N L I F E S N
A M V A U L H M I T J P L A D E N T E T
R E E R I T S E T L E Y O U T O F E L I
T E M P T F D I T B M P T R D H E A V N
C L Q R Y O M U E H P R S I E J F A E U
R B C N K R O G R S E W T I V L N C S E
E A T O E T R Q D B Y P O X I I Y B M O
A T N P Q H A X M R T L A W L B T M U N
T N E W G I L E A V E J D H P T I P S W
E U P R X L M S D O U N T O W A R D A X
K O A L N E K E L P I C N I R P U K G C
I C G J R A J P H R E S S F O E T Q E V
N C E P T P L M I V F H K L W R U P N J
D A B C O M M A N D M E N T Y T F E T R
N E S S A V E C T Z C B M K H F S Q S T
```

Atonement

Luke 22:41-44
41 And he was withdrawn from them about a stone's cast, and _____ down, and _____,
42 Saying, Father, if thou be willing, remove this _____ from me: nevertheless not my will, but thine, be done.
43 And there appeared an _____ unto him from heaven, strengthening him.
44 And being in an _____ he prayed more _____: and his _____ was as it were great _____ of blood falling down to the ground.

John 6:51
51 I am the living _____ which came down from heaven: if any man _____ of this bread, he shall live for ever: and the bread that I will give is my _____, which I will give for the _____ of the _____.

Helaman 14:15-18
15 For behold, he surely must die that _____ may come; yea, it _____ him and becometh expedient that he dieth, to bring to pass the resurrection of the dead, that thereby men may be brought into the _____ of the Lord.
16 Yea, behold, this death bringeth to pass the resurrection, and redeemeth all _____ from the first death—that _____ death; for all mankind, by the fall of Adam being cut off from the presence of the Lord, are considered as dead, both as to things _____ and to things spiritual.
17 But behold, the resurrection of Christ redeemeth mankind, yea, even all mankind, and bringeth them back into the presence of the Lord.
18 Yea, and it bringeth to pass the condition of repentance, that whosoever repenteth the same is not hewn down and cast into the _____; but whosoever repenteth not is hewn down and cast into the fire; and there cometh upon them again a spiritual death, yea, a second death, for they are cut off again as to things pertaining to _____.

Atonement

```
R T Y E A R P L U S H E E P A R T A K E
W I S A X B R M T A L P M E N T O R S T
E M G T R Y A W I L C A N Z G Y N O G A
A R L H O N Y F A V O R U S E A S S E M
R S H N T I E V I A N P M T L G K T B R
S W E A T E D G C T V X B W I E I H A E
G O L T A N O R F I D I E T E R P E D V
K R I H N J U U X O R N R B M Q I L P I
L K F A Y O G T S N A C I J O S H P O L
A S E N A L E A C N C O O K F U N L S E
D L R O W M I N E P E R S O N V E N S D
S K C R P X Z Q R A Y S O F H A V A E H
P C Z O O M G E H J L K S P O C M L P T
E H R A S T S F U R T D R O P S E M P I
L A C U P E R L E A S T O F E E L S E A
L L U V N A Q E K M E B P I N S C V A F
I E R C H O O S E I N A R K B M L R I E
N Y E P I C K H I M R W X E Y Z E R Q R
G B E H O O V E T H A V E O A D E V L A
H E W I L L G U I D E Y O U W D I O S H
```

Baptism

Matthew 20:23
23 And he saith unto them, Ye shall _____ indeed of my _____, and be _____ with the baptism that I am baptized with: but to sit on my right hand, and on my left, is not mine to give, but it shall be given to them for whom it is _____ of my Father.

Moroni 6:2
2 Neither did they _____ any unto baptism save they came forth with a broken _____ and a contrite _____, and _____ unto the church that they _____ repented of all their sins.

Moroni 8:25
25 And the first _____ of repentance is baptism; and baptism _____ by _____ unto the _____ the commandments; and the fulfilling the commandments bringeth remission of sins;

D&C 20:37
37 And again, by way of _____ to the _____ concerning the manner of baptism— All those who _____ themselves before God, and desire to be baptized, and come forth with _____ hearts and _____ spirits, and witness before the church that they have truly repented of all their sins, and are _____ to take upon them the name of Jesus Christ, having a _____ to _____ him to the end, and truly _____ by their _____ that they have received of the Spirit of _____ unto the remission of their sins, shall be received by baptism into his church.

Baptism

```
C O M E U N T O T N O H T E L I A V E R
H F I R M C H R I S T S C H U R C H C P
O R C O M M I T T E W R I T E I B F O E
O U T X S E R V E D I O H J P R T A M C
S I N A G A I N T N L D R W O S D M E N
E T E M R F R E P E L K J K P D O I T E
H S M P W O U C U P I V E D S X W L H I
I O D L O V E L D Q N N E Y Z L N Y E T
M F N W H A T I F I G S V O T S E T T A
K B A P T I Z E D I S X D E R A P E R P
Q O M L J A L L G E L Y T R U T H L T M
D R M E P H V W N X K L Y Q I O F B L R
C V O A K S I T B T H U I R L N A M S E
O X C S E E I Q G S C R D N E W K U P T
N Y A F T W R O N E A T E C G R Y H I E
T Z R H R I G H T F A I T H N A D R E D
R E C E I V E D S I M P L E G U I Y O U
I A J A A L W A Y N W E F L W P R A F Y
T L G R L S O F I A T H I N S R K T W E
E X A T D E T E R M I N A T I O N I S K
```

Charity

1 Corinthians 13:4
4 Charity _____ long, and is kind; charity _____ not; charity _____ not itself, is not _____ up,

Colossians 3:12-14
12 Put on therefore, as the _____ of God, holy and beloved, _____ of mercies, kindness, _____ of mind, _____, _____;
13 _____ one another, and forgiving one another, if any man have a _____ against any: even as Christ forgave you, so also do ye.
14 And above all these things put on charity, which is the bond of _____.

Moroni 7:46
46 Wherefore, my _____ brethren, if ye have not charity, ye are _____, for charity never _____. Wherefore, _____ unto charity, which is the _____ of all, for all things must fail—

D&C 88:125
125 And above all things, _____ yourselves with the _____ of charity, as with a _____, which is the bond of perfectness and _____.

Charity

```
A X D O U N T O O T H E R C L O T H E D
S G R E A T E S T Q E U S T Y R P X C S
S H F C R D Q P E W L X M R E A C H U M
I U M B I R T H V N P E N B U I L F R I
S P Z A L L A U G H V R K W L D F O J L
T E S E N E B E S T X I A U K E I R D E
Z O S V O T E S I S C V E Y R M N G F H
E L E C T A L K P X E W G T Z J P E Y G
A I R S E T O E U S D N H V H E L P S P
L D V I A H V E F J I O T K A S S I T S
F R E E C T E P F R E T B C L E A V E M
G O N G H E D S E C N H E M E N D G S I
B O R N X T J F D W J I K L P F O R E H
O M Z B Y N F I S H O N F E E D R X T O
W I S H E U S E D J Y G E N T L E E Y E
E V E R S A L T Q U A R R E L K L A P S
L D F G W V R H A V E F U N L I F E C D
S G N K L T Y I W G D K W S A C R Y N E
C O P E M E E K N E S S L F P Q R O L L
L I S T E N T O X G I V E W A L B I N D
```

Chastity

Matthew 5:27-28
27 Ye have _____ that it was said by them of old time, Thou shalt not _____ _____:
28 But I say unto you, That whosoever _____ on a woman to _____ after her hath committed adultery with her already in his _____.

Ephesians 5:3-5
3 But _____, and all _____, or _____, let it not be once named among you, as becometh saints;
4 Neither _____, nor _____ talking, nor _____, which are not _____: but rather giving of thanks.
5 For this ye know, that no _____, nor unclean person, nor covetous man, who is an _____, hath any _____ in the kingdom of Christ and of God.

Jacob 2:28
28 For I, the Lord God, _____ in the chastity of _____. And whoredoms are an _____ before me; thus saith the Lord of _____.

Chastity

```
H E R G A P O L O G I Z E C O M E U N T
I W R O N G S E E K G J K S L P H Y C O
M H C V N H S D Q W O M E N Z V S X O H
Z O K L P O E R R O R S K O S L I P V R
X R F P H P N A E L C K S I H C L K E I
H E A R T E N N M J H E N T C H O S T S
E M M E E R A E I E R Y E A U Q O W O T
L O E P K T E W T S I A W N S L F Q U O
P N N E O E L U S T S T B I T I M M S P
I G D N O V C W R I T C O M M I T O N O
S E S T L I N R E N D X D O N O T C E R
T R L I P L U E V G I E D B M K D U S N
H K X D B M I N H E R I T A N C E P S B
E G Q O V E R C O M E T Y R E T L U D A
R F I L T H I N E S S A C R D G I K H D
E A C A D U L T Q U I T N O W V G O T S
X T H T N E I N E V N O C B I E H P L M
M I N E F V W H O R E M L P F I T W I N
H E A R D I G H N O I T A C I N R O F W
Q Z F O O L K J R E P E N T Q U I T N O
```

Commandments

Psalms 119:66
66 _____ me good _____ and _____: for I have _____ thy commandments.

1 John 3:24
24 And he that _____ his commandments _____ in him, and he in him. And hereby we know that he _____ in us, by the _____ which he hath given us.

1 Nephi 4:14
14 And now, when I, Nephi, had heard these words, I _____ the words of the Lord which he spake unto me in the _____, saying that: Inasmuch as thy seed shall keep my commandments, they shall _____ in the land of _____.

1 Nephi 22:31
31 Wherefore, ye need not suppose that I and my father are the only ones that have _____, and also _____ them. Wherefore, if ye shall be obedient to the commandments, and _____ to the end, ye shall be _____ at the last day. And thus it is. Amen.

D&C 93:1
1 Verily, thus saith the Lord: It shall come to pass that every soul who _____ his _____ and cometh unto me, and _____ on my name, and _____ my voice, and keepeth my commandments, shall see my face and know that I am;

Commandments

```
O N T O C A L I F C B L O H A P P Y G O
R B L E S H T E L L E W D J T H D R J O
A M A O R S O H I G H T H E N E A E U D
C B G Y H E E O E R L I G H T Y P V D G
I T I C N A M D S F I P R O M I S E G N
O S X D O N T E J E S G K P B H E R E I
N E U T E Z O O M S R N H A R E N T M K
F R U I F T X L A B O T S T L S Y Q E J
E P T R U I H E L P E R D A L S O E N R
S I N S A I N T S K I R T B E E U S T G
E C H R I S T I A N I S E X C N B A O H
L K G O O D X S D E V A S D T R I D N Q
E R E P S O R P Q B E H T H J E N N Y C
C A M P D O Z I L E X V I V A D A E O H
T Q W R F G E R W L M B F G P L S C J T
E H F G I T D I X I E V I Z E I S F H E
I T Y P O C I T V E N W E A R W O G E L
U C A L M E C R A V E X D A Y S U R E L
Q K N O W L E D G E B E S T I A B I D A
M A K E Z E D U P D Y O U R T M I N D C
```

Covenants

2 Nephi 9:53
53 And behold how great the covenants of the Lord, and how great his _____ unto the _____ of men; and because of his greatness, and his _____ and _____, he has promised unto us that our _____ shall not utterly be destroyed, according to the flesh, but that he would _____ them; and in future generations they shall become a _____ branch unto the house of Israel.

D&C 25:13-15
13 Wherefore, _____ up thy _____ and _____, and _____ unto the covenants which thou hast made.
14 Continue in the spirit of _____, and beware of _____. Let thy _____ delight in thy husband, and the _____ which shall come upon him.
15 Keep my commandments continually, and a _____ crown of righteousness thou shalt receive. And except thou do this, where I am you cannot come.

D&C 35:24
24 Keep all the _____ and covenants by which ye are _____; and I will cause the _____ to _____ for your _____, and Satan shall _____ and _____ shall _____ rejoice upon the hills and _____;

Covenants

```
H O L D F I R M O P J L E A V S U O L R
S E I S A C H R E J O I C E Q O W K I N
T Q A S T R E N G T H S A L E U R G E D
A D P V A L I E N I E D R F O L H I J C
Y M M A E X M E C G L Y G T N T X V L N
S E U L B N K G E H B I R D E V S E I O
T R I U Z A S T A T M J L O P X A Z F N
R C R E H M E N D S E F U A L V P H T U
O Y T S E E D H O J R S K P E G G T F R
N E R D L I H F R I T B U R N F O R O E
G S C H I L D R E N S S E N K E E M U V
K O L P R D E B E W I N G R C E Z O N R
A L O N G F I M G O S W E Q B P R I D E
H I R D I E D F O R Y O U C R W E N A S
S D A R K N O T E C L A V E S A D I T E
N I L M A R K S R E J B O U Z E O V I R
E T G M E A K N E A R T O H I M D E O P
V Y M Y T I L A U Q E D N U O F X N N X
O O Z A F L O U R I S H I R N E W S O A
C O M P L I A N C E T O L O R D G J Q C
```

Diligence

Hebrews 12:1
1 Wherefore _____ we also are _____ about with so great a _____ of _____, let us lay aside every _____, and the _____ which doth so easily _____ us, and let us run with _____ the _____ that is set before us,

2 Peter 1:10
10 _____ the rather, brethren, give diligence to make your _____ and _____ sure: for if ye do these _____, ye shall never fall:

D&C 10:4
4 Do not run _____ or labor more than you have _____ and _____ provided to _____ you to _____; but be diligent unto the _____.

D&C 82:24
24 For even yet the _____ is yours, and shall be _____, if you _____ not from your _____. Even so. Amen.

Diligence

```
S T A Y F L K P C G O F O R T H E R U N
K A L W A Y S X Z Q A E N J O Y S V M I
Y L S T E A D F A S T N E S S F X R W C
X T E N I E V G T E N P R O O S E O H E
V E R O A A C E M E T S A N D F N K E G
B R B E H E R A B I T S D T S S L P R T
W E N D O W M T E N H V X N I L G A E R
G U S H I N E H S G Q W A D H E C J F O
M E N E H A V E F U N R E M B E N L O P
N O R S T C E L E C T I O N O S R C R S
I K D E M B A I J A O N G C B E V S E N
H A E G D H R S O L Q S F A L L P H C A
S Y S U N X K T U L I E D O W N T J L R
N I S M Z I B E R I P S F J S G N I H T
O W A K I W K N E N A B L E N W F V T L
O L P L O L A S F G E M S E H K L H W A
M R M E A R E M D T R Y R A I N G K M U
O F O R E V E R Q H I T H E R I B D O G
T V C O N T I N U E S E S S E N T I W H
I O N X C L O U D Q E U T W A L K O N S
```

Faith

Romans 1:17
17 For therein is the _____ of God _____ from faith to faith: as it is _____, The just shall _____ by faith.

Hebrews 11:6
6 But without faith it is _____ to _____ him: for he that _____ to God must believe that he is, and that he is a _____ of them that _____ _____ him.

Revelation 2:19
19 I know thy works, and _____, and _____, and faith, and thy _____, and thy works; and the last to be _____ than the first.

Alma 32:21
21 And now as I said concerning faith—faith is not to have a _____ _____ of things; therefore if ye have faith ye _____ for things which are not seen, which are _____.

Alma 44:4
4 Now ye see that this is the true faith of God; yea, ye see that God will _____, and _____, and _____ us, so long as we are _____ unto him, and unto our faith, and our religion; and never will the Lord suffer that we shall be destroyed except we should fall into transgression and deny our faith.

Faith

```
B E A U T Y Y O U T H D F S D N U O B D
O P E N P E R L I F E Q U E S T S L K N
N L E M U S T K T S K N O W L E D G E A
D I A R I G H T S N T B X N I M W Q E S
S E T E F H J W O P E C S D V Y E W P P
E C R V R E Z R G T S G A V E N L B E A
E S G E Y K C I M O S E I P G O B R R E
R B N A S A I T H M N B A L L O I H S L
T O O L D M X T W G Q T Z O I G S P O T
M K L E P G S E R V I C E P H D S K F C
X Z Q D I L I N U E Q R C T V B O N I T
H O P E F U L L N O N E E V E R P A Y R
T V L V R S U C H H S O H W O R M T P E
E S A I T F E R M W U Z T R A M I Q R W
O E T D H O M E I S P R E V I R E W E X
U R E T U R N F N E P J M K A L D F S B
S P I N S A V E S T O T O H X B S E E K
N A P L E A S E X I R A C E T H G I R N
F I R S T S E D O R T R I E S L A M V O
L A S T I N G O N W A R D Z P M O R E W
```

Family

Colossians 3:19-21
19 _____, love your _____, and be not _____ against them.
20 _____, obey your _____ in all things: for this is well _____ unto the Lord.
21 Fathers, _____ not your children to _____, lest they be _____.

Mosiah 4:14-15
14 And ye will not _____ your children that they go _____, or _____; neither will ye suffer that they _____ the laws of God, and _____ and _____ one with another, and serve the _____, who is the master of sin, or who is the evil spirit which hath been spoken of by our fathers, he being an _____ to all righteousness.
15 But ye will _____ them to _____ in the ways of _____ and _____; ye will teach them to _____ one another, and to _____ one another.

D&C 75:28
28 And again, verily I say unto you, that every man who is _____ to _____ for his own family, let him provide, and he shall in _____ lose his _____; and let him _____ in the _____.

Family

```
Q U A L I T Y Z G J L P D V E R Y C N M
F I R M P E A L S U F F E R F H L I F E
B N D Q S R V P Y H U N D R Y S W A L B
J X C I Y P O L A R D F H U S B A N D S
K S W A L K S V E Y B E T T R I N G S V
L O V E D H P R O V I D E G H T R E U W
N M G K Q L C W V K M N B Z X T V R R I
M E T R U T H Q F J E M K L P E B N F V
B G F W A J P N W M Z V C H U R C H E E
X H L H R K L B Y S N R P R O V K E R S
S O B E R N E S S X E T W L A B O R T X
C H U R E C H I L R E R M X E P Q N R L
T R A N L A T N G J P A V Q X A E R A U
E X P E C T E A F G Q N W E P R S H N V
A N C T E R D K S L F S E R A V E I G E
C R A W D E V E B I N G S P C R O W N F
H O B L I G E D G V X R C G V D P L O G
D R I G H W V H P E L E Q Z V M W H M R
Q H U S P A T D F D I S C O U R A G E D
C W R H U N G R Y V E S T S O M B E R N
```

Forgiveness

Ephesians 1:7
7 In whom we have _____ through his _____, the forgiveness of sins, according to the _____ of his _____;

D&C 98:39-45
39 And again, verily I say unto you, if after thine _____ has come upon thee the first time, he repent and come unto thee _____ thy forgiveness, thou shalt forgive him, and shalt hold it no more as a testimony against thine enemy —
40 And so on unto the second and third time; and as oft as _____ enemy _____ of the trespass wherewith he has _____ against thee, thou shalt forgive him, until _____ times seven.
41 And if he trespass against thee and repent not the first time, _____ thou shalt forgive him.
42 And if he trespass against thee the second time, and repent not, nevertheless thou shalt forgive him.
43 And if he trespass against thee the third time, and repent not, thou shalt also forgive him.
44 But if he trespass against thee the fourth time thou shalt not forgive him, but shalt bring these _____ before the Lord; and they shall not be _____ out until he repent and _____ thee four-fold in all things wherewith he has trespassed against thee.
45 And if he do this, thou shalt forgive him with all thine _____ heart; and if he do not this, I, the Lord, will _____ thee of thine enemy an hundred-fold;

JSH 1:29
29 In consequence of these things, I often felt _____ for my _____ and _____; when, on the evening of the above-mentioned twenty-first of September, after I had retired to my bed for the night, I _____ myself to prayer and _____ to _____ God for forgiveness of all my sins and _____, and also for a manifestation to me, that I might know of my _____ and _____ before him; for I had full _____ in obtaining a divine manifestation, as I previously had one.

Forgiveness

```
T A K E F G H B R T E S T I M O N I E S
E G D C O N F E E C N A T I R E H N I U
A E N F O K L P A T I E N C E D U X M M
M S R I D N G E T R K S T A T E M Q P S
A D T O Y M F V C Y T N E V E S A T E T
E O O Q X A H I E G N E V A E S N Z R A
R L Y S B N R G D O O L F H X A I X F N
B E T O O K D P I E R S C O N P T Q E D
S C S S E N K A E W N I G H T S Y W C I
S H A R I E D F K O R C A L M E R U T N
E T N D S T J L I F E K E P Q R E V I G
L E C W H E A T F O L L I E S T Q S O E
E T T G T Y P S T R O N G E R O S E N V
H N I E I M R N O I T A C I L P P U S D
T E F V E B A L S U K D J F H G Q P W R
R P I D M X T N A R G N C Y G R A C E A
E E E M U S Q O W P E H M T U O Y W L W
V R D A L M I G H T Y E T D R V O B N E
E N T H E S A M E U N I T E D P J L U R
N E C T H I N E T E P B L O T T E D B W
```

Happiness

Psalms 126:2-3
2 Then was our mouth _____ with laughter, and our _____ with singing: then said they among the _____, The Lord hath done _____ things for them.
3 The Lord hath done great things for us; whereof we are _____.

John 14:27
27 Peace I _____ with you, my peace I _____ unto you: not as the _____ giveth, give I unto you. Let not your _____ be troubled, neither let it be _____.

2 Nephi 1:31
31 Wherefore, because thou hast been _____ thy seed shall be _____ with his seed, that they dwell in prosperity long upon the face of this land; and nothing, save it shall be _____ among them, shall _____ or _____ their prosperity upon the face of this land forever.

Alma 40:12
12 And then shall it come to pass, that the spirits of those who are _____ are received into a state of happiness, which is called _____, a state of rest, a state of peace, where they shall rest from all their _____ and from all _____ care, and _____.

Happiness

```
G P R O S P E R I T Y O D L E G D V B T
H R A C B X Y Z B N B U O Y A N C Y R T
U E E N V G I V E K I N D L Y B H A R N
M J S A O S C A R V X Q W O R K E J T E
O O S F T E M O N E Y D U F J H E K H M
R I E R A R L W E L L B E I N G R H A E
Q C N A E E P A R A D I S E T T I O R T
P I I I N T I M E F L E S R Y N L M I
W N Z D O I O R I G H T E O U S G I O C
O G O X U T N S R X T I O R T L S D H X
E I C M C Y G P T W A F N R H D C A R E
F A I T H F U L H N T I S O Z Q P Y K L
E R K Z E I E X P E C L A W F U L S X S
L D Z G E R T R O U B L E S S E D O N E
I U I F R S C R A P S E T O Y S Y E O S
C T P S E T G I F T S D R D Q W H J I O
I Y S V T Q P L J R E L I E F T O T S R
T L A H I U K X A C E N T S A I N R E F
Y E J D F S R Q P D R I P E N S Z W L O
L E I S U R E B L I S S H I N E E B E D
```

Heavenly Father

John 3:16-17
16 For God so loved the _____, that he gave his only _____ Son, that whosoever _____ in him should not perish, but have _____ life.
17 For God sent not his Son into the world to condemn the world; but that the world through him might be _____.

Romans 8:16
16 The _____ itself _____ _____ with our spirit, that we are the _____ of God:

1 John 4:7-9
7 _____, let us _____ one another: for love is of God; and every one that loveth is _____ of God, and knoweth God.
8 He that loveth not _____ not God; for God is love.
9 In this was _____ the love of God _____ us, because that God sent his only begotten Son into the world, that we might live through him.

Mosiah 4:9
9 Believe in God; _____ that he is, and that he _____ all things, both in heaven and in _____; believe that he has all _____, and all power, both in heaven and in earth; believe that man doth not _____ all the things which the Lord can comprehend.

Heavenly Father

```
D E I T Y X P B E L I E V E S G L H R T
T C Q P A L E Z O P C M W O S K T O X R
F Y O T U G R N C R J R D I S E E N V U
D G J M O H V B R I N K E E R P Q W V E
I O F T P T Y L N M O P Q A R S I T U N
V N T V W R X B H E R O E Y T Z A R E B
I E C H I D E J Q S P B K R O E L R I M
N S D A L L A H T W Y A E U Z X D N V T
I E A F O G B D E I G J H L G L F K E C
T L O V D I E T Y N P T V R I U D W S Q
Y M E N E X T N I E D H L H J E P D F H
Z D G Q C D V T M W X H C Y T Z V O T E
N Y O U T H S L O N G T O S E E H E Z M
E D F J L A W K W W R V E Y U P W Q T O
D Z L A L B R I D E A F T E R O N E S H
L A N R G I S T T R I R N P N Q U I T I
O C E J O D L G D N F I D K P W E R E G
G V Z K O W X P A Z E M A L P H A C K H
E B O M D R A M A S G S J Q T E Y W R S
P R O V I D E N C E Y Z S X O M E G A Q
```

Holy Ghost

Alma 5:46
46 Behold, I say unto you they are made known unto me by the Holy Spirit of God. Behold, I have _____ and _____ many days that I might _____ these things of myself. And now I do know of myself that they are true; for the Lord God hath made them _____ unto me by his Holy Spirit; and this is the spirit of revelation which is in me.

Helaman 5:45
45 And behold, the Holy Spirit of God did come down from _____, and did _____ into their hearts, and they were _____ as if with fire, and they could speak forth _____ words.

3 Nephi 9:20
20 And ye shall offer for a _____ unto me a _____ heart and a _____ spirit. And whoso cometh unto me with a broken _____ and a contrite spirit, him will I baptize with fire and with the Holy Ghost, even as the Lamanites, because of their faith in me at the time of their conversion, were baptized with fire and with the Holy Ghost, and they knew it not.

Moroni 10:4-5
4 And when ye shall receive these things, I would _____ you that ye would ask God, the Eternal Father, in the name of Christ, if these things are not true; and if ye shall ask with a _____ heart, with real intent, having _____ in Christ, he will manifest the truth of it unto you, by the power of the Holy Ghost.
5 And by the power of the Holy Ghost ye may know the _____ of all things.

D&C 130:22
22 The Father has a body of _____ and bones as _____ as man's; the Son also; but the Holy Ghost has not a body of flesh and bones, but is a _____ of Spirit. Were it not so, the Holy Ghost could not _____ in us.

Holy Ghost

```
H E A F O L L O W N Q F L E C H E V A B
I C A N D R I T E A R M A N I F E S T X
M O N E R F H E L P E R S I A G X A O W
F N T M C S G J L D K T O K T D A N M C
O T L X E I Z C W Y R E V E A H M S A O
L R E L M N V B T A N G I B L E P C R M
L I F W B C D Z E X I T M N E A L A V F
D T T P V E C H F A N S G P S R E R E O
A E W M J R N K A I D E F R S D A E L R
S C D Q W E E E V O L K L A Y K P A O T
S I E Z L E K E R G W L P Y O I N R U I
I T P E R S O N A G E Q E E U N E O S N
S R S A O A B F A L L O W D M D A B W G
T C A E L D B L F R I E N D Y L R F A N
R A F L E A D R K F H E A V E N T A S I
U S E P D F G H O E M A N V E R O S H T
E W A K A E T S I K H U R T O B O T E E
D E Y P P U P L K X E T F H E E V E R I
A S A C R I F I C E B N X H G R W D E U
T E S T Q U E S T R E E K L B M Y T W Q
```

Honesty

Proverbs 12:22
22 Lying lips are _____ to the Lord: but they that deal _____ are his _____.

Proverbs 20:7
7 The just man _____ in his _____: his children are _____ after him.

Alma 53:20-21
20 And they were all young men, and they were exceedingly _____ for _____, and also for _____ and _____; but behold, this was not all—they were men who were true at all times in whatsoever thing they were _____.
21 Yea, they were men of truth and _____, for they had been taught to keep the commandments of God and to walk _____ before him.

D&C 97:8
8 Verily I say unto you, all among them who know their _____ are honest, and are _____, and their spirits _____, and are willing to _____ their covenants by _____—yea, every sacrifice which I, the Lord, shall command—they are _____ of me.

Article of Faith 13
13 We believe in being honest, _____, _____, _____, virtuous, and in doing good to all men; indeed, we may say that we follow the _____ of Paul—We believe all things, we hope all things, we have _____ many things, and hope to be able to endure all things. If there is anything virtuous, lovely, or of good report or _____, we seek after these things.

Honesty

```
Y E A H Q U A L I T Y Z M F L Q P F E G
T H O U S A D M O N I T I O N I S B V E
R A T P R O B L E N T H R A O M K A R N
E C H R I S E G A R U O C R I E L M E T
W T E I O R E A C H J F W L T I D E S H
L I R G B W A L K E T H E M A D M O B R
Y V W H C O E N S U R E G N N G Y N O U
H I A T E W N S M C B W T V I N T I X S
T T K L R L T X I V N K Q A M O I N S D
G Y D Y V F R G H A L C P I O T R E A G
N C F L I J U F S N R E O F B S G W C X
E D R K B K S S O M B P G N A E E K R U
R Q E I W E T C O U R T A C T U T L I E
T N E L O V E N E B D J C G H R N P F R
S R D B I A D H K W E E K L Y B I R I U
T K T O X G R E A T P R I E S T H T C D
R M R V M R H A R T S L N V B R O K E N
A P U T Q U I T E R E A D E N E V O L E
E B L E S S E D R U M C R A S H J L P F
H L Y O F F E N D E D J C H A S T E B O
```

Humility & Patience

Romans 5:3-4
3 And not only so, but we _____ in _____ also: knowing that tribulation _____ patience;
4 And patience, _____; and experience, hope:

Mosiah 21:13-14
13 And they did _____ themselves even to the _____, subjecting themselves to the _____ of _____, submitting themselves to be _____, and to be driven to and fro, and _____, according to the _____ of their enemies.
14 And they did humble themselves even in the _____ of humility; and they did cry _____ to God; yea, even all the day long did they _____ unto their God that he would deliver them out of their _____.

3 Nephi 4:33
33 And their _____ were swollen with _____, unto the _____ out of many _____, because of the great _____ of God in _____ them out of the _____ of their _____; and they knew it was because of their _____ and their humility that they had been delivered from an everlasting _____.

Humility & Patience

```
N I C E R U S O P M O C D U S T Q M C B
E X S W H E B R A V E R F V B H E U R Z
T U X B U R D E N E D X Q U C V N M E S
T R O O M S F J P N L G P D J O Y I P E
I W V Y B R A V O E H L C E Q W O K E T
M D F O Q X H U M B L E N R M U L N F
S I S K C N T D W I L F V X B I B R T B
C D E E A W O R K E T H D Q R G E X A H
F E N D L M S T I S B K L E X H D N N U
T L O A L Q S Z S B E A N R S T E A C I
E I E V H T H S A Y U O J L P I A S E E
Y V M E U S E C E W I L D E R L R T J L
E E O G H N A O V T H U A K F Y L E L G
G R S L D P T Y C X D E P T H S Y A S U
A I R O K U S U H O L D A N I U Q R P S
R N O R O Y R Q Y K L P M R P O I S E H
U G T Y L T X B O N D A G E T Y N Z R I
O O D R S W R F O T S H G Y S S B S S N
C R Y E F H A F F L I C T I O N S V E G
H N D L O N G S U F F E R I N G M K O P
```

Jesus Christ

3 Nephi 27:13-20
13 Behold I have given unto you my gospel, and this is the gospel which I have given unto you — that I came into the world to do the _____ of my Father, because my Father sent me.

14 And my Father sent me that I might be _____ up upon the _____; and after that I had been lifted up upon the cross, that I might _____ all men unto me, that as I have been lifted up by men even so should men be lifted up by the Father, to stand before me, to be _____ of their _____, whether they be _____ or whether they be _____ —

15 And for this cause have I been lifted up; therefore, according to the power of the Father I will draw all men unto me, that they may be judged according to their works.

16 And it shall come to pass, that whoso _____ and is _____ in my name shall be filled; and if he _____ to the end, behold, him will I hold _____ before my Father at that day when I shall stand to judge the world.

17 And he that endureth not unto the end, the same is he that is also hewn down and cast into the fire, from whence they can no more return, because of the _____ of the Father.
18 And this is the word which he hath given unto the children of men. And for this cause he _____ the words which he hath given, and he lieth not, but fulfilleth all his words.

19 And no _____ thing can enter into his _____; therefore nothing entereth into his rest save it be those who have washed their _____ in my _____, because of their faith, and the repentance of all their sins, and their faithfulness unto the end.

20 Now this is the commandment: Repent, all ye ends of the earth, and come unto me and be baptized in my name, that ye may be _____ by the reception of the Holy Ghost, that ye may stand _____ before me at the last day.

Jesus Christ

```
G A L S K D J F H T Y Q P W O E E V I L
I R U V M Z W N X B C A G E D C V Q M P
F U B A P T I Z E D Z R U N M T R Y D L
T I M E W I L L V W G C I N S G W O H E
X N E H A L L G S P O T L E S S V T S A
G A R M E N T S Y S O U T H S X B T U S
I Q R K W L D A G T D R L N X D R A W E
V S Y J Z M P N W E D G E N I U S F O R
E W M E N T F C B M A N S W D Q F P L E
N F O I L I F T E D D O S T Y H U M A V
T R T R G W B I R S C M Q T X V L W N E
O E H D K A M F I L M E D I C S F G J R
U P E A R S L I D J O N J U S T I C E F
S E R W O K X E N U S K I R T E L J L U
U N C L E A N D R D Y E I F Q D L V M L
Z T R I A L S H K G L P V N B N E T A F
D E A R E N D U R E T H B M G V T J K I
G T R I E D V N P D V W G J S D H A L L
J H G W Q B M D I B L U O D R W O N T V
L P Y B L O O D G K R T P W D G H M O M
```

Judgement

Psalms 7:8
8 The _____ shall judge the _____: judge me, O LORD, _____ to my righteousness, and according to _____ _____ that is in me.

Alma 41:4
14 Therefore, my son, see that you are _____ unto your brethren; deal justly, judge _____, and do good continually; and if ye do all these things then shall ye receive your _____; yea, ye shall have mercy _____ unto you again; ye shall have _____ restored unto you again; ye shall have a righteous judgment restored unto you again; and ye shall have good rewarded unto you again.

3 Nephi 14:1-5
1 And now it came to pass that when Jesus had spoken these words he turned again to the _____, and did open his _____ unto them again, saying: Verily, verily, I say unto you, _____ not, that ye be not judged.
2 For with what judgment ye judge, ye shall be judged; and with what _____ ye mete, it shall be measured to you again.
3 And why _____ thou the _____ that is in thy brother's _____, but considerest not the _____ that is in thine own eye?
4 Or how wilt thou say to thy brother: Let me pull the mote out of thine eye—and behold, a beam is in thine own eye?
5 Thou _____, first _____ the beam out of thine own eye; and then shalt thou see clearly to cast the mote out of thy _____ eye.

Judgement

```
B E H E L D Z P H M E A S E R R W A R D
M U L D T U D Y E Y U V C Z P E O P L E
E I H K P O P B E A M L U P E X A H R C
N F N S D O M A L B C W T L E I T W D I
R Q R E C G S T U V X Y Z I P S H D Q S
O V E R M B E H O L D E S T T C J R X I
T R I P W I S R V R B X Z Y P U L A K O
S T L O R D B M U I L W V N S T D W O N
E X I N O W G I N G E R O T S B J E Y E
R E S B N M A T C H J Q I K J L N R M J
M O T E G R E C X T Z C B N U M K L B U
W J W C V G B Z C E E R R E S T O R E D
O F M L R E U A R O P O V B P M O C X G
R N O I T U A C I U R W E D F T Y J K E
K M T R E G M B G S N D Q V H S P I U Q
S Y V E L T O B H L O V I E D O C A S T
M E R C I F U L T Y Q W R N S F K L V H
N P V N M V T F L D J S V P G K I N D O
B F W R I G H T Y M E A S U R E N E W U
A T T I T U D E T E R M I N E F J T H G
```

Missionary Work

John 21:15-17
15 ¶ So when they had _____, Jesus saith to Simon Peter, Simon, son of Jonas, _____ thou me more than these? He saith unto him, Yea, Lord; thou _____ that I love thee. He saith unto him, Feed my _____.
16 He saith to him again the _____ time, Simon, son of Jonas, lovest thou me? He saith unto him, Yea, Lord; thou knowest that I love thee. He saith unto him, _____ my _____.
17 He saith unto him the _____ time, Simon, son of Jonas, lovest thou me? Peter was _____ because he said unto him the third time, Lovest thou me? And he said unto him, Lord, thou knowest all things; thou knowest that I love thee. _____ saith unto him, Feed my sheep.

D&C 4:2
2 Therefore, O ye that _____ in the _____ of God, see that ye serve him with all your heart, _____, _____ and _____, that ye may stand _____ before God at the last day.

D&C 4:4
4 For behold the _____ is _____ already to _____; and lo, he that _____ in his _____ with his might, the same _____ up in store that he _____ not, but _____ salvation to his soul;

Missionary Work

```
E V E N T S D H L P Q R Y V H W H I T E
A M H J K N O W E S T A B L E S J P L R
T I B L A M L S F I E C L E R I C H R V
S N L A M B S H A P M N A D A F H S I T
T E Q Z R X P C B E I T M Y L A Y E T H
R D M N L K Y R I N G W E F D P K R R I
E I H I T U E L O T H X L Z E B N M O R
N N G A N M F C D P T G E H L J D O P D
G N N V G D Q U I P O X S Z K R M N E R
T E B E S H J L N V L S S P C A D D R N
H R L O V E S T E X R W E Y I C L E I I
S W I T C H W P D R O E G H S J E B S V
E H T E T S U R H T H I S R D R I M H E
R F E A S T R A I G H T W H O E F E E D
B X M E S S E N G E R P K L A T R D T H
I Z P O P G R I E V E D Q W J R E L H S
E V A N E G E L I Z E M L A R K V P X U
C O M E U N T O G K J E S U S W I E N R
B R I N G E T H A R B I S T H R V M S H
G H J V I D I N O S E C O N D G E A R T
```

Obedience

Deuteronomy 7:9-11
9 Know therefore that the LORD thy God, he is God, the faithful God, which _____ _____ and _____ with them that _____ him and keep his _____ to a thousand generations;
10 And _____ them that hate him to their face, to _____ them: he will not be _____ to him that hateth him, he will repay him to his face.
11 Thou shalt therefore keep the commandments, and the _____, and the _____, which I command thee this day, to do them.

Isaiah 32:17
17 And the _____ of righteousness shall be _____; and the _____ of righteousness _____ and _____ for ever.

Alma 5:41
41 Therefore, if a man _____ forth good works he _____ unto the _____ of the good _____, and he doth follow him; but whosoever bringeth forth _____ works, the same becometh a _____ of the devil, for he hearkeneth unto his voice, and doth follow him.

D&C 130:21
21 And when we _____ any blessing from God, it is by _____ to that _____ upon which it is _____.

76

Obedience

```
A E H O N E S T Y Q R M T J L A W M L P
R J V B M N X T C E F F E C T S O F Q R
K U L S T A T E R S N Q B R Z L E S U E
E D K H E J K L R I C X V M C T C I I D
N G X G V T C O V E N A N T W Y N N E I
C M W O R K U E V A C M E O U J A B T C
H E P O R T S T R U T H A K N W R O N G
T N L D A D E T A C I D E R P I U U E F
Y T O K E P T H E T R U E B N T S I S H
O S B A D F G Q Z X S L K G J H S E S T
R U E J C O M M A N D M E N T S A T G E
T O D H P R E D O C A T P I P E L N F P
S Y I R E S H I N F H G E Q C X M A H E
E L E D H H T E N E K R A E H N W X C E
D O N T S E Y O U R S F C B O V E R V K
E R C C A P T A I N E L E L I K O X R A
C T E E V H R E P A Y E T H C P J I M E
I D W L G E T I Q U T S W Q E X G P C H
L O V E B R E S P I T E F F T H L I V E
N O T S A D B N I A T B O A T A F L O A
```

Plan of Salvation

D&C 14:7
7 And, if you _____ my _____ and _____ to the end you shall have eternal life, which _____ gift is the _____ of all the gifts of God.

D&C 122:7
7 And if thou shouldst be _____ into the _____, or into the _____ of murderers, and the _____ of death _____ upon thee; if thou be cast into the _____; if the _____ surge _____ against thee; if fierce _____ become thine enemy; if the heavens gather _____, and all the _____ combine to hedge up the way; and above all, if the very _____ of hell shall gape open the mouth wide after thee, know thou, my son, that all these things shall give thee _____, and shall be for thy _____.

Moses 1:39
39 For behold, this is my _____ and my _____ — to bring to pass the immortality and _____ _____ of man.

Plan of Salvation

```
G D F P B A T N E S L P I T I E S A E L
J B E L I E V E T H T E N C E T K E E P
K E V I L M G H V E B N R U P E D L V T
P G E R L C B A R W V K E L H R J O E N
A O R N O V F I L J G R W M Q N P M R D
S T R A W B P A T H X S C R E A B N L A
S B E L I S W I T C T I M S J L K T A M
E M S K N G O H A N D S V K A J E O S M
D X T O G K R L E S P L A C W D T X T O
L W C N J Z L M C X E V K R S W O C I C
P R O A M E D A T H I N S V Q P T O N T
W K N K S N L W Q C E V T F K L S N G S
O I S T A T E X P S E N C E G J E T D U
K G N M L I F E S P U K E G N O T I N R
E L M D K W F H V B W E L D E C A R I T
X O P L S J M B E G O T T E N V E E F H
C R I O D E E P E N R U L E D Q R I J S
A Y R V A L I E T G K I T H U J G S W W
T N E E X P E R I E N C E D R E A M S E
S M O D S P I F B L L H N D E T E M A N
```

Praise

Psalms 150:1-6
1 Praise ye the LORD. Praise God in his _____: praise him in the _____ of his _____.
2 Praise him for his mighty _____: praise him according to his excellent _____.
3 Praise him with the _____ of the _____: praise him with the _____ and _____.
4 Praise him with the _____ and _____: praise him with stringed _____ and _____.
5 Praise him upon the loud _____: praise him upon the high sounding cymbals.
6 Let every thing that hath _____ praise the LORD. Praise ye the LORD.

D&C 136:28
28 If thou art _____, praise the Lord with _____, with _____, with dancing, and with a _____ of praise and _____.

Praise

```
A E I M Q U R N J C E L E B R A T E F B
Y T H A N K S G I V I N G A F G B Z F V
J N R V Y C D Z W S C O K T E X C I T E
U G L K T O T A L G J Y E P I S R P L H
N O W A B E D H S O U D M U S M R R Y R
S I B R U N P A H T A E R B A V B M D P
E V N I E G N M L P W V N M A X Z R J X
L F Q S V C H W U N D R E C S L G K E S
F I R M T H A N K R U N N I N G S U O L
I C D U V R P S A L T E R Y M R K U F Q
S T A E G O U R G E J A M K S L N M H B
H R H K P J F M G H A R P S W D V B Y S
Y O R G A N S Q E J O Y E T I M P R S W
R N Q W R U M E T N B N V C X N R K P E
E G S E E D F P E T T S I N G E G J I E
T R W F U N A G R A H S J K M P Y I L T
S O N A C T S N E I U N D N C E V T N R
P B E I M Q N R C M D P R A Y E R J F G
D R I S E N G E I E L E P T X A U Q M H
C G K O S W C X T P L H S I N C E R E D
```

Prayer

James 1:5
5 If any of you _____ wisdom, let him ask of God,
that _____ to all men _____,
and _____ not; and it shall be given him.

D&C 4:7
7 _____, and ye shall _____; _____, and it shall
be _____ unto you. Amen.

D&C 9:8-9
8 But, behold, I say unto you, that you must _____ it out in
your _____; then you must ask me if it be _____, and
if it is right I will cause that your _____ shall _____
within you; therefore, you shall feel that it is right.
9 But if it be not right you shall have no such _____, but
you shall have a _____ of _____ that shall cause
you to forget the thing which is _____; therefore, you cannot
write that which is _____ save it be given you from me.

Joseph Smith History 1:13
13 At length I came to the _____ that I must either remain
in _____ and _____, or else I must do as
James directs, that is, ask of God. I at length came to the
_____ to "ask of God," concluding that if he gave
_____ to them that lacked wisdom, and would give liberally,
and not upbraid, I might _____.

Prayer

```
A S K E D Q S A C R E D U T Y T O H I M
S Q P Z M W O O D S X M E H I V Y N D I
U B V L D J N G L A B O S O M G F B E N
O M I T V F E E I N G S P U R E A C T A
H I Y J U K P L B W O R I G H T D S E T
T N V S X W D S E A H P G H S A C B R I
S D I A Z U P B R A I D E T H O U Q M O
E O N S A G O B A C K E O N S D R B I N
N P K N O C K S L I B E R L E Y G P N I
Y E S A C R I D L A C K S B W D V Q A C
L M C R E A T E Y B K T L P A Y S C T E
K E V O Q R W I S D U L Y R T H O U I N
R D R K N E S R O P E S K I D S H R O E
A X E S B C V R O F I N D E E T M B N S
D W M Z X E L R V N E P F K E L S R U S
E I O Q T I G U B S G K L V E N T U R E
E S F R E V E R S T U P I R G J U X V B
I D G R E E T C F I J G L W V A D E C U
V O Z I O N B M P D O F H K P W Y R T R
E M O T I O F E E L I N G S T U P R M N
```

Priesthood

Alma 13:6
6 And thus being called by this _____ calling, and _____ unto the _____ priesthood of the holy order of God, to _____ his commandments unto the _____ of men, that they also might _____ into his _____—

D&C 84:33
33 For whoso is faithful unto the _____ these two priesthoods of which I have spoken, and the _____ their _____, are _____ by the Spirit unto the _____ of their bodies.

D&C 84:40
40 Therefore, all those who _____ the priesthood, receive this _____ and _____ of my _____, which he cannot _____, neither can it be _____.

D&C 121:36
36 That the _____ of the _____ are _____ connected with the powers of _____, and that the powers of heaven cannot be _____ nor _____ only upon the principles of _____.

Priesthood

```
M A G N I Y A L S K D J F H G R A C E X
E H L Y G P R I E S T H O O D E L N A H
L O W E D G J K T S L Q W R E C E I V E
C L A T E A C H D E E V I R D H D E L N
H Y L O V E G A I N B K H E L A R P L T
Z E K D F I R T H S I T T F G E I J A E
M T R W R X W V N U A B G L N K P N C R
X V G Z V Y M D H O J R R E S T H D E X
N C O N T R O L L E D Q W E C M C Q G D
C U F R V M V S P T R I E D A D O F M E
B B R E S H E G K H N L W I S K V T A V
V N E N T A D R A G S F J U R T E H G I
A H E A V E N U E I N O B T A I N I N G
L E D B H Q P C W R K I L F B M A L I D
U A H L A K J H T V C X L M Z B N K F E
E V I E N I C K W I L D G L E E T L Y I
S E G F D R E H T A F H D K A V B A I T
Q D H O L I B I N D S I N G D C P W N C
P I N S E P A R A B L Y E X A M K L G A
W O R K D E C I D E N E R D L I H C V S
```

Repentance

Mark 2:17
17 When Jesus _____ it, he saith unto them, They that are _____ have no need of the _____, but they that are _____: I came not to call the _____, but _____ to repentance.

Acts 3:19
19 Repent ye therefore, and be _____, that your sins may be _____ out, when the times of _____ shall come from the _____ of the Lord;

Jarom 1:12
12 And it came to pass that by so doing they kept them from being _____ upon the _____ of the _____; for they did _____ their hearts with the _____, _____ _____ them up unto repentance.

Helaman 12:23
23 Therefore, _____ are they who will repent and _____ unto the _____ of the Lord their God; for these are they that shall be _____.

D&C 3:10
10 But _____, God is _____; therefore, _____ of that which thou hast done which is _____ to the _____ which I gave you, and thou art still _____, and art again _____ to the work;

Repentance

```
S T I R R I N G X C B L E E P V W A L D
Q U A L I T Y V N H O A J M R T O M G E
U W X Y A S H I R T B N K L E B E I Y T
A E R E B M E M E R Q D T W S Z L X C R
R C O M T R A R I E F I C I E H O J K E
E H L S K D R J F H W G Z M N X H N C V
C O M M A N D M E N T O Q V C U W C B N
H S V I V E S F E G Y W R J E L A A K O
A E X P R I C K P D V E S D Z K Q L M C
S N A R E S R H F K B M L I C H A L L S
E J W I Q A T S D M P R I E N C D E C Y
N D K G E D B R E F R E S H I N G D J R
J R T H X R V M B N A M D E T U E S D A
V W I T H C E N Z I L L E A V E S R P R
F A C E S R X P B D E S T R O Y E D S T
L I V O F W G H E Y Q P D L C K G Y V N
W R T U Y I O P W N Z X E B S I C K L O
B L E S S S E D L P T I V C M L F I J C
K Q U L T P H Y S I C I A N A S T U R N
M E M B E R S I N N R S S D E T T O L B
```

Sacrament

Matthew 26:26-28
26 And as they were _____, Jesus took bread, and _____ it, and brake it, and gave it to the _____, and said, Take, eat; this is my _____.
27 And he took the _____, and gave _____, and gave it to them, saying, _____ ye all of it;
28 For this is my _____ of the new _____, which is shed for many for the remission of sins.

D&C 27:2
2 For, behold, I say unto you, that it _____ not what ye shall eat or what ye shall drink when ye _____ of the sacrament, if it so be that ye do it with an eye _____ to my _____–_____ unto the Father my body which was _____ down for you, and my blood which was _____ for the _____ of your sins.

D&C 59:12
12 But remember that on this, the Lord's day, thou shalt _____ thine _____ and thy sacraments unto the Most High, _____ thy sins unto thy _____, and before the Lord.

D&C 62:4
4 And now _____ your _____. Assemble yourselves upon the land of _____; and hold a meeting and _____ together, and offer a sacrament unto the Most _____.

Sacrament

```
C H A D C G K Z M G L O R Y E N R U O H
A B I N G O M E N T I B W R O N G S B I
L A V E L G N I S C O T T E N F I N B G
L X Q M U F S T E S T A E M N T F D R H
E F B L A S T X I Z M B R E T H R E N I
D R I S E T L P H N W G Q M V S Y D R G
T E G F E H T J K C U P L B D E A R B K
N J N M P L I E D T H E D E N B S H E D
O O Z I O N P F R A D T O R E M I T W R
C I M B A L S I G E D V U I B P X R Y A
A C C O U N T F C O T O B N M L P E Q N
N E A R E R M Y G S J H X G W A R M S C
F T E S T A M E N T I M H R P D R I N K
E A S F J P T R X N L D W E Q E W S D M
S G M T H I N I K S E O R K P K C S X P
S P O H Q Z W H N S F O V A M N P I L X
O B L A T I O N S G O L D T H A B O D Y
F I E N D R I E K S V B Y R C M W N Q V
F G J K P W L V M Q H T R A I L D O P A
D I H S M B A S S E N I P P A H C T A W
```

Scriptures

2 Timothy 3:15
15 And that from a _____ thou hast _____ the _____ scriptures, which are able to make thee _____ unto _____ through _____ which is in Christ Jesus.

2 Nephi 4:15
15 And upon these I _____ the things of my _____, and many of the scriptures which are _____ upon the plates of _____. For my soul _____ in the scriptures, and my heart _____ them, and writeth them for the _____ and the _____ of my children.

3 Nephi 26:2
2 And he saith: These scriptures, which ye had not with you, the Father _____ that I should give unto you; for it was _____ in him that they should be given unto _____ _____.

D&C 1:37
37 _____ these commandments, for they are _____ and faithful, and the _____ and _____ which are in them shall all be _____.

Scriptures

```
C A L M E R N E T S I L S S R B G F W K
O V P T N W A T C H X E F U T U R E D H
M Z I Q G S E E N P E A C E G J V A F O
M R B L R L E A R N E R S A L A J D S P
W V S E A R C H X G E N E R A T I O N S
E I C N V M V T A Y R I U W I Q E P F L
S T R U E I B P K P A N J S H D W G S O
D E F G N R Y O L V P G N X M C I Y S C
O S U D D E L N G J K Y W Z P Q S T A O
M F L E A N E D Q U I E T I M E D I B M
D E L I G H T E T H W J H D I Z O N N M
B T F C D F M R X C O B N C T G M E E A
M I I O T O J E H G W L E Q F O P R N N
P U L M E I F T D S A H Y B A M L E R D
Z T L F G X F H L K P R O M I S E S A E
G N E O K N W O S O N G J L T D V P E D
V I D R N C B M R N D G L Z H X C V L R
Q X V T O F W P O P S J U K Y P W I S E
X F J E W S K Y D B N M O N T E H F V N
N O W G N O I T A V L A S A L C A T I O
```

Testimony

Job 19:25
25 For I _____ that my _____ _____, and that he shall _____ at the _____ day upon the earth:

1 John 4:15
15 _____ shall _____ that _____ is the Son of God, God _____ in him, and he in God.

Revelation 19:10
10 And I fell at his _____ to _____ him. And he said unto me, See thou do it not: I am thy _____, and of thy _____ that have the testimony of Jesus: worship God: for the testimony of Jesus is the _____ of _____.

Mormon 9:25
25 And whosoever shall _____ in my name, _____ nothing, unto him will I _____ all my _____, even unto the _____ of the earth.

D&C 84:62
62 _____, go ye into all the _____; and unto _____ place ye cannot go ye shall send, that the testimony may go from you into all the world unto every _____.

Testimony

```
E X P E C T C O N F I R M E D G J W K P
V N J K L C B M H E X B C Z M T H Z Q A
A K D Z X N V P F L G E Q R W O R L D T
V L T S O D R U S L P L W E S T F K V I
O D C L B E X M J O K I V O B M E C N E
R G N O T Z K N O W P E E C O N F E S S
I F M T R I P T F S G V H K W E T U D P
D E A J E S U S W E E E C B N P M L L I
I L K I N D L Y Q R B R E T H R E N H R
M L E A V S F I M V F H K Z C O B M N I
E T L S T E D E R A I N E D I P A D E T
R J S T A N D B E N Q P O L L H W S P W
F M T H E R F R U T I U C S V E J E O P
W H A T S O E V E R B L E S L C B R T J
R X V I Z M I S D T R A I L S Y D U I H
L C E N E S G J I W M X E I P S Z T V T
D B N E G K Q N R U X T S V W T N A I E
G Q D R I V G L F T H E R E F O R E L F
H E R S H I S T O R Y J P T L V X R V I
R S T D W O R S H I P F G H A S N C M L
```

Tithes & Offerings

Joel 2:12
12 ¶ Therefore also now, saith the LORD, _____ ye even to me with all your _____, and with fasting, and with _____, and with _____:

Malachi 3:10
10 _____ ye all the tithes into the _____, that there may be _____ in mine house, and _____ me now herewith, saith the LORD of hosts, if I will not open you the _____ of _____, and _____ you out a _____, that there shall not be room enough to receive it.

3 Nephi 13:17-18
17 But thou, when thou fastest, _____ thy head, and _____ thy face;
18 That thou _____ not unto men to fast, but unto thy _____, who is in _____; and thy Father, who seeth in secret, shall _____ thee openly.

D&C 119:3-4
3 And this shall be the _____ of the tithing of my _____.
4 And after that, those who have thus been tithed shall pay one-tenth of all their _____ annually; and this shall be a standing _____ unto them _____, for my holy priesthood, saith the Lord.

Tithes & Offerings

```
R I W O R D X P S L B K D G S F O T H R
B L E S S I N G L M X R E W A R D J Q E
W A K L F T Y N U W N V O M H A S M J S
G S L A W C B I V L J D K G D E W O L C
R T J D Y T X R B J N M L H P M A U G U
A E G S S R Z B N I V T E E J Q I R M E
C D S F E T R C W A S N G A D F T N T S
I I E P S L O S S T H K L V T P S I R V
O N I O V Q F R O N A P P E A R J N Y H
U T R U W A D R E A M S G N J P L G U T
S E C R E T R L E H Z V N M D H K P W U
Q R F J W S P E O L O S F F O R E V E R
L E A P S O C T Y V I U P U R P O S E N
K S L K E U R N K M W A S H V J L F G F
G T V P O R E I N L B X N E V Z Q N C D
R O A M S F J O B S K P L C F G I H J L
E R B E G I N N I N G M K D E P R O V E
N E E D S G H A E J P L C B E D J G P V
N H O U S E G I V F A T H E R X M L G R
E X P R E S S T O R M S W O U S E J K P
```

Word of Wisdom

1 Corinthians 3:16-17
16 Know ye not that ye are the _____ of God, and that the _____ of God _____ in you?
17 If any man _____ the temple of God, him shall God _____; for the temple of God is _____, which temple ye are.

D&C 89:7-8
7 And, again, strong _____ are not for the _____, but for the _____ of your bodies.
8 And again, _____ is not for the body, neither for the belly, and is not good for man, but is an herb for _____ and all sick cattle, to be used with _____ and skill.

D&C 89:10-12
10 And again, verily I say unto you, all _____ herbs God hath ordained for the _____, _____, and use of man—
11 Every _____ in the season thereof, and every _____ in the season thereof; all these to be used with _____ and thanksgiving.
12 Yea, _____ also of _____ and of the _____ of the air, I, the Lord, have _____ for the use of man with _____; nevertheless they are to be used _____;

D&C 89:18
18 And all _____ who remember to _____ and do these sayings, walking in obedience to the commandments, shall _____ health in their _____ and _____ to their _____;

Word of Wisdom

```
R K V J T H A N K S G I V I N G L F H S
E Q H X N W R D H S I W E R A N K S C P
V R E C E I V E O M K S L Q V R O T O I
E N R T C Y A F L G F V P N E V R U N R
L J F L E S H T Y C O K M A L B D V S I
A X U S G N I H S A W P E L R Q A W T T
T M S D D P L U M V L M T N B I I X U A
I A T A G D R I N K S E F I H D N Y T R
O R E E J M M K L V M N O P S Z E G N T
N R A P P L E S W O B E L L Y T D H L S
T O B A C C O N S B Q D J L P D N S P Y
O W D G J E K E T Z M C W N X V B I R A
X J S E L F L E H P R U D E N C E K A T
C O M Z S O B I N E M Q R T L Y E S I S
F S I G H T W E F X R I C E V L M P T Z
R E T W F G R A P E S B R U I S E S Q A
U P H X M U S O L O D E C I D E A T W E
I H L W T Q V R Y B O N E S N E Y X H L
T V M A N A G E H E A L T H B Z K E E P
Q D N W C O N S T I T U T I O N V M L Y
```

ANSWERS

Part One

Agency

Atonement

Baptism

Charity

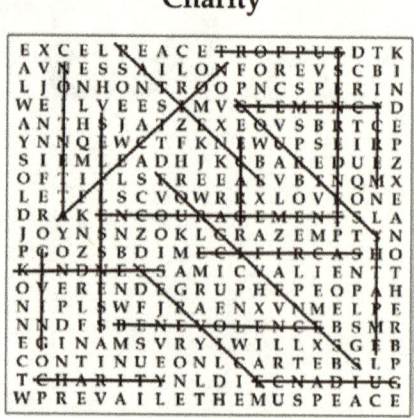

Chastity

Commandments

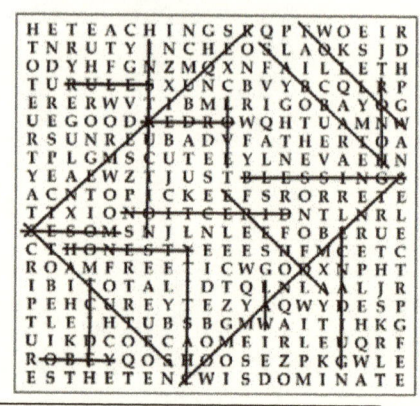

Covenants

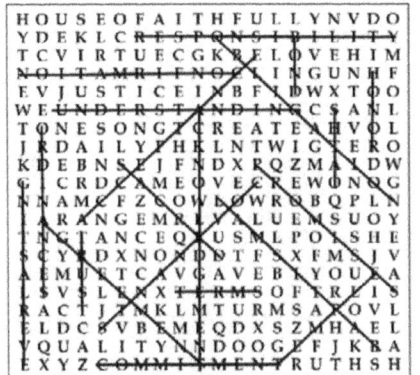

Diligence

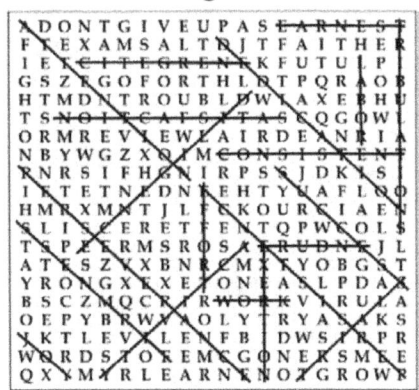

Faith

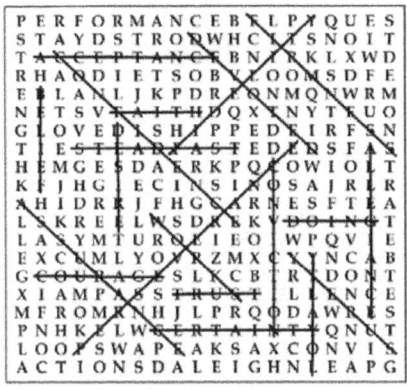

Family

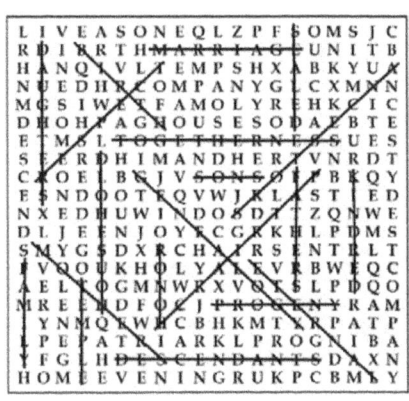

Forgiveness

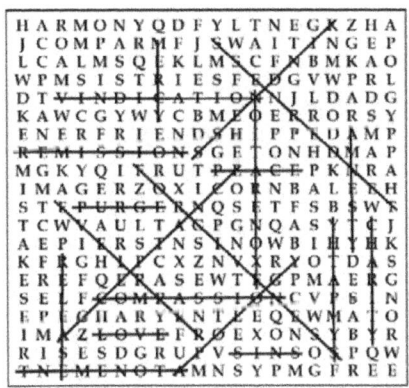

Happiness

Heavenly Father

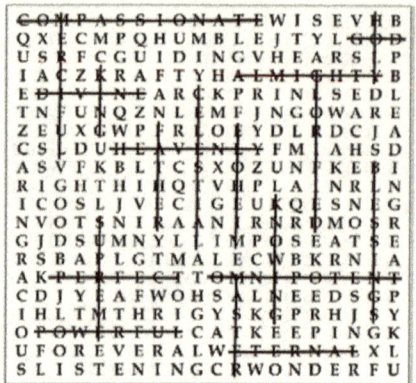

Holy Ghost

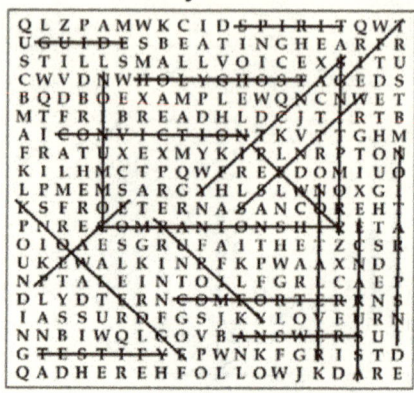

Honesty

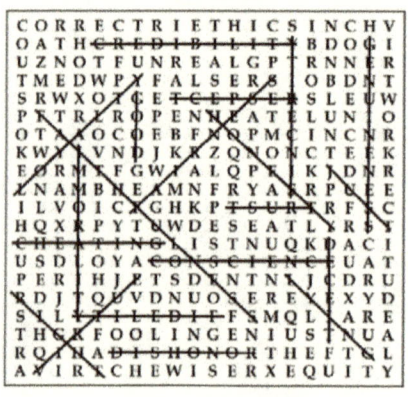

Humility & Patience

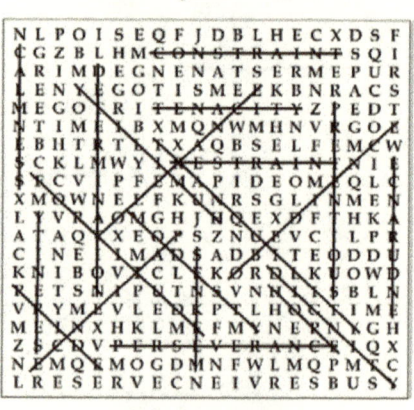

Jesus Christ

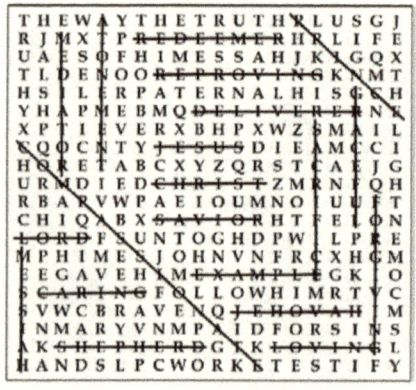

Judgement

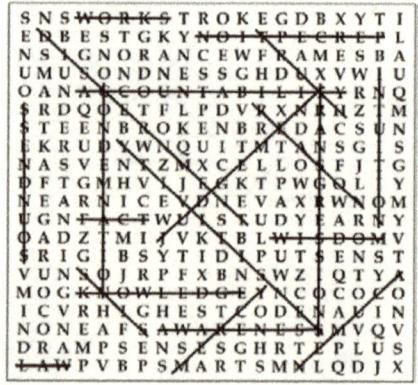

Missionary Work

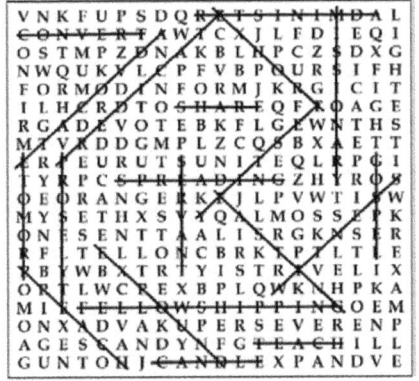

Obedience

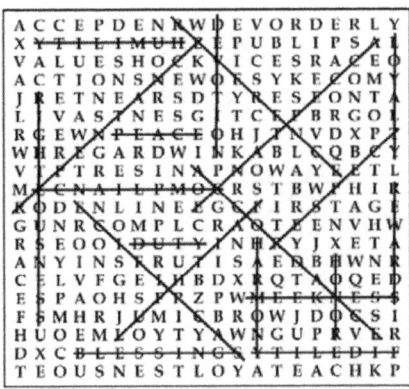

Plan of Salvation

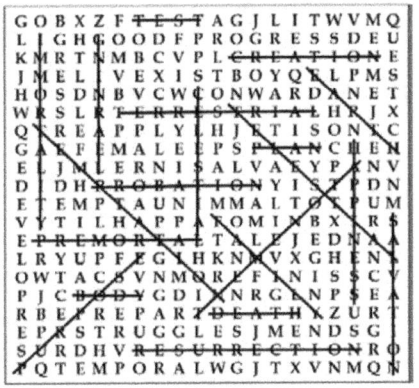

Praise

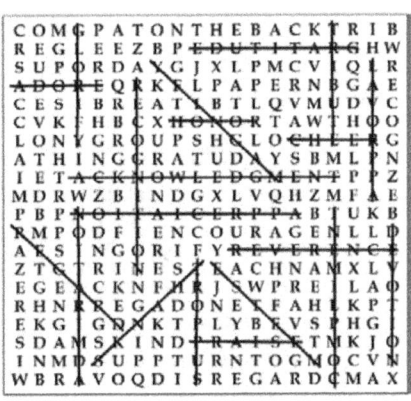

Prayer

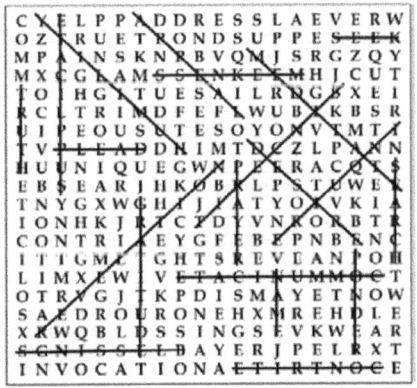

Priesthood

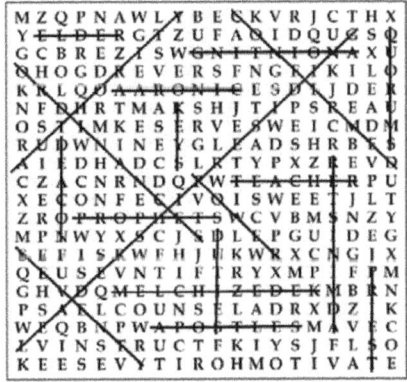

Repentance

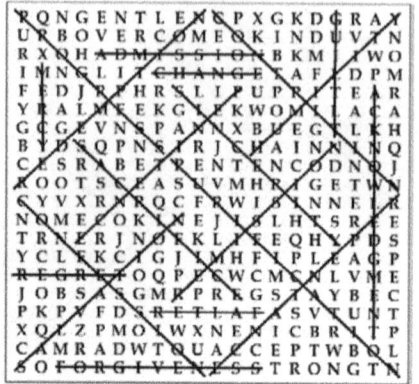

Sacrament

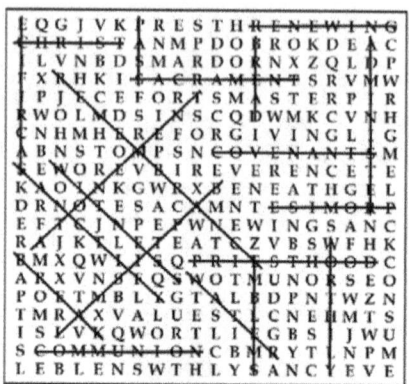

Scriptures

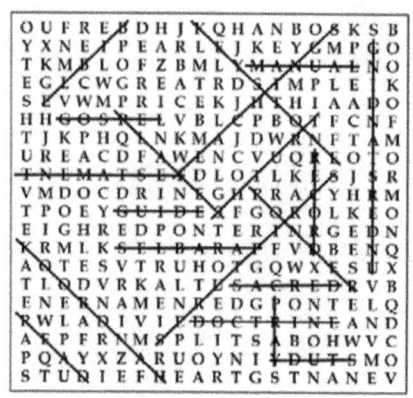

Testimony

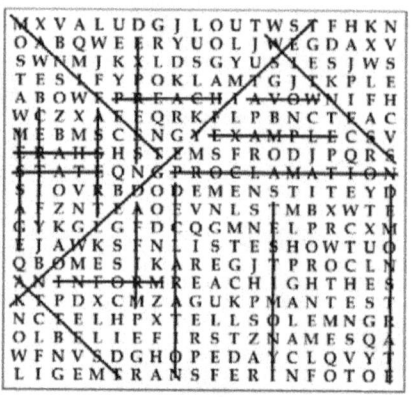

Tithes & Offerings

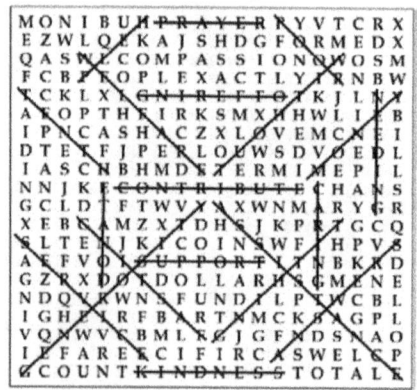

Word of Wisdom

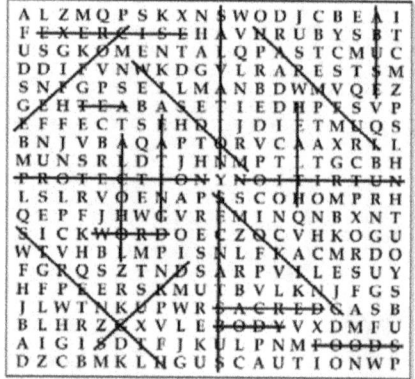

Part 2

Agency

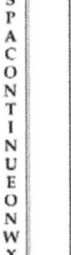

Atonement

Baptism

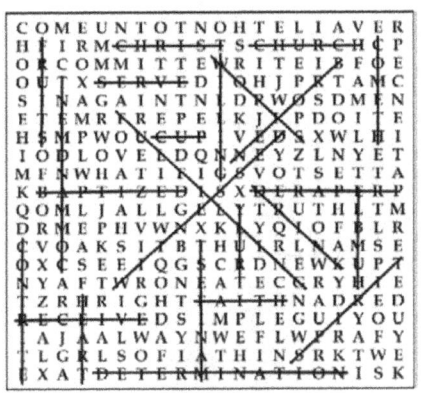

Charity

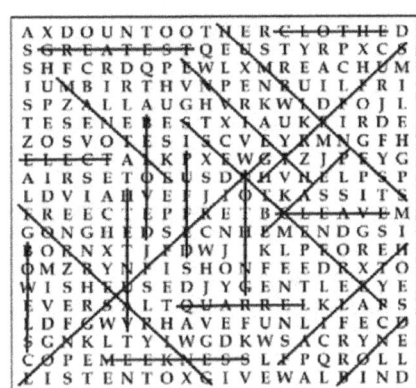

Chastity

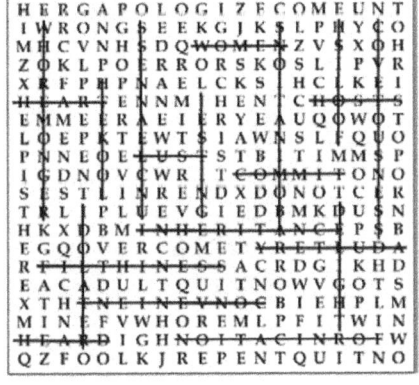

Commandments

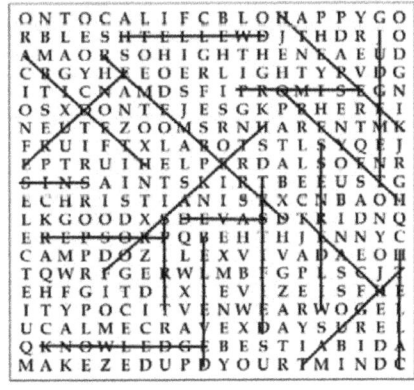

Covenants

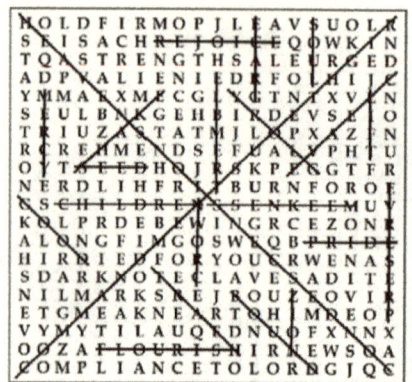

Diligence

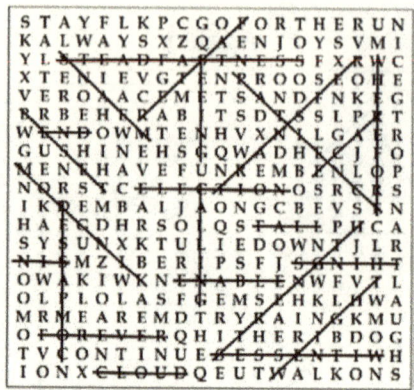

Faith

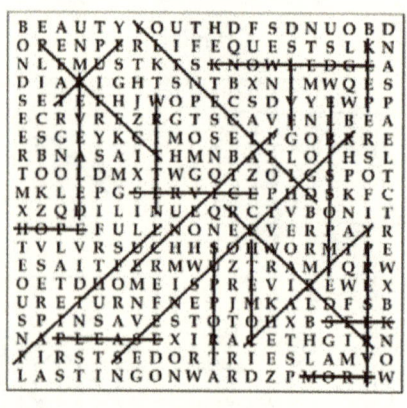

Family

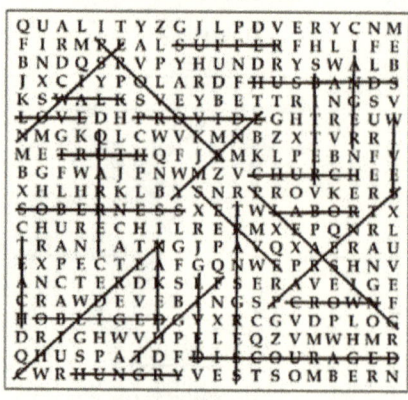

Forgiveness

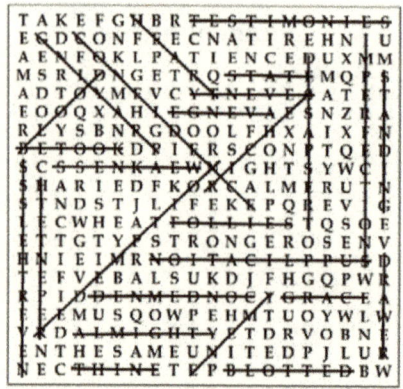

Happiness

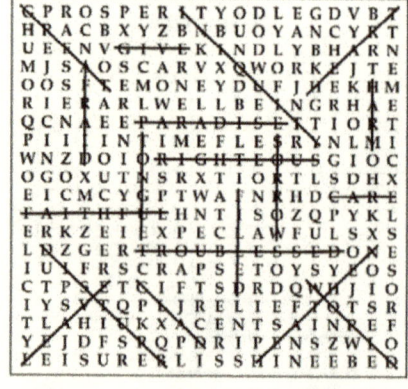

Heavenly Father

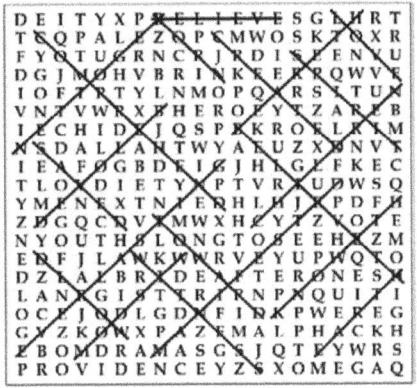

Holy Ghost

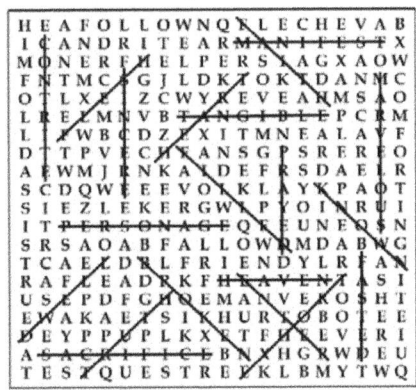

Honesty

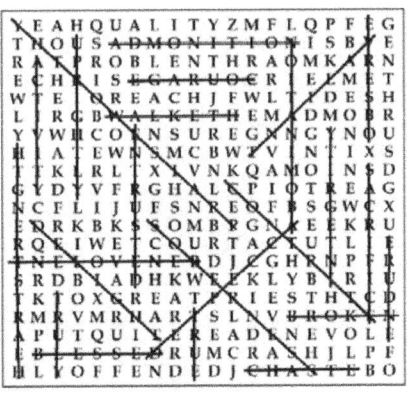

Humility & Patience

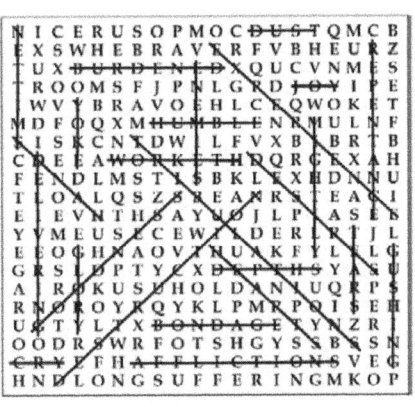

Jesus Christ

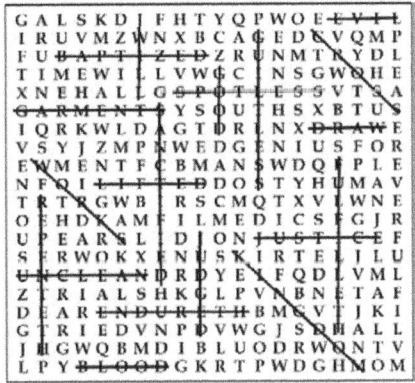

Judgement

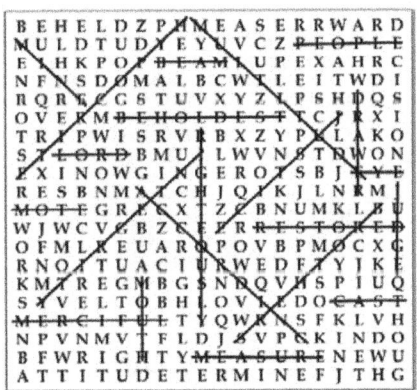

107

Missionary Work

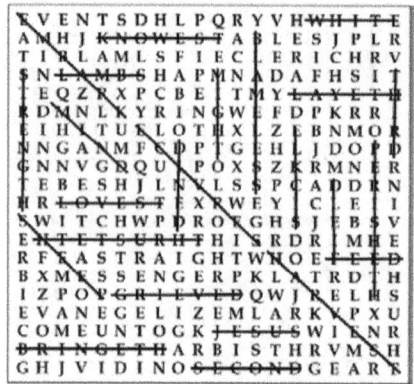

Obedience

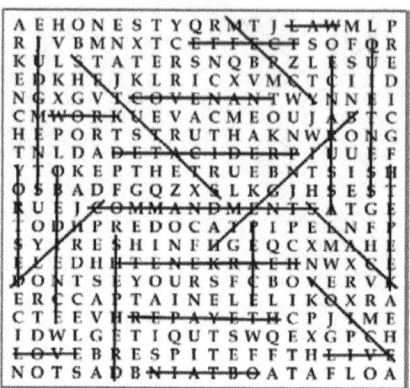

Plan of Salvation

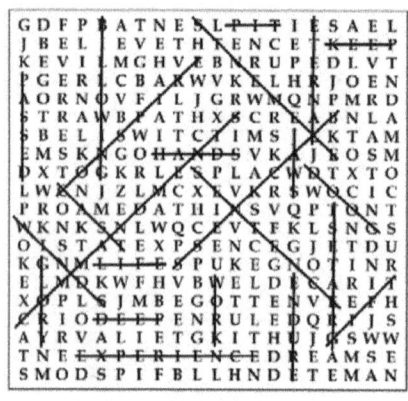

Praise

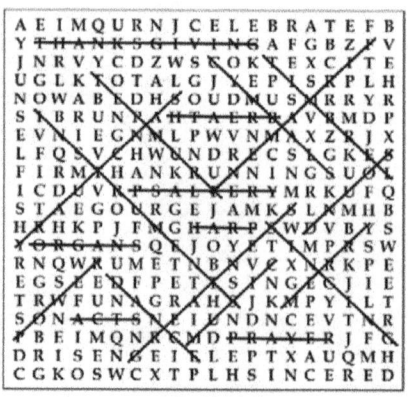

Prayer

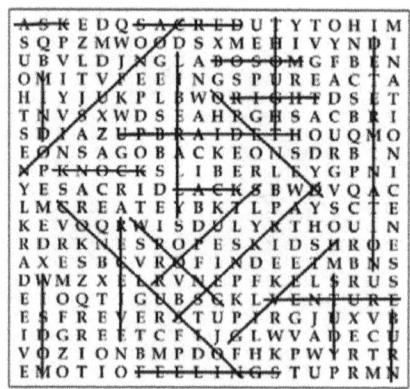

Priesthood

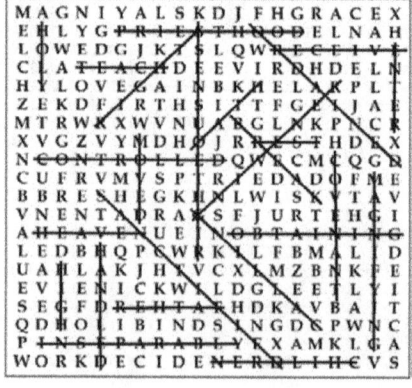

Repentance

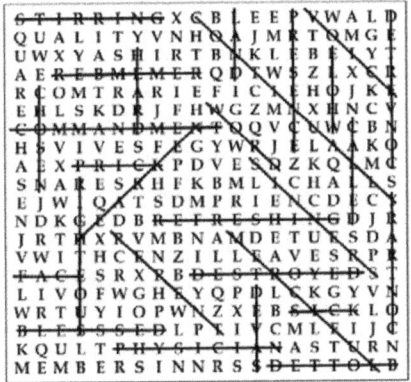

Sacrament

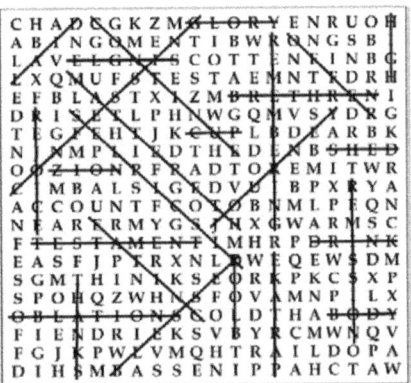

Scriptures

Testimony

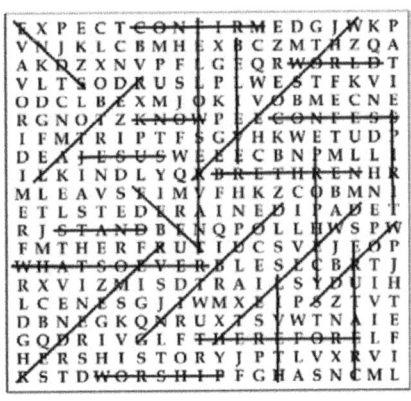

Tithes & Offerings

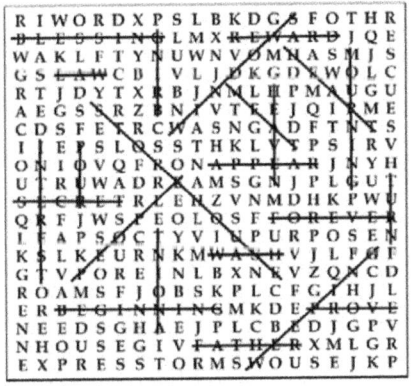

Word of Wisdom

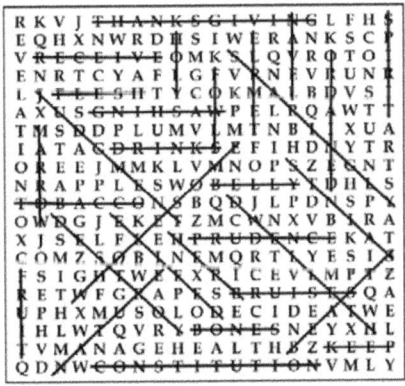

www.ingramcontent.com/pod-product-compliance
Lightning Source LLC
Chambersburg PA
CBHW031407040426
42444CB00005B/455